प्रेरणा पथ

प्रेरक लेखसंग्रह

पंकज वसंत जाधव

Ratnakar
Pustak-Bharati
Books-India

लेखकः पंकज वसंत जाधव

शीर्षकः प्रेरणा पथ

यह किताब किशोरावस्था से युवावस्था में प्रवेश करने वाले छात्र तथा छात्रों के सही मार्गदर्शन के लिए उनके उज्जवल भविष्य की कामना के लिए लिखी गयी है। किशोरावस्था का महत्व एवं प्रभाव शेष सम्पूर्ण जीवन को प्रभावित करता है। अतः इस अवस्था परिवर्तन के दौरान छात्रों पर विशेष ध्यान देना अधिक महत्वपूर्ण हो जाता है। इसी कारण "प्रेरणा पथ" का एक विशेष महत्व है। जो शिक्षा या ज्ञान किशोरावस्था में बैठकर समझाने से या डांटकर बताने से किशोरों के दिमाग में अर्थात उनकी समझ तक पहुंचा पाने में कई बार गुरुजन, परिवारिकजन, माता-पिता स्वयं को असमर्थ पाते हैं, उन सभी बातों को बातों-बातों में छात्रों की समझ तक पहुँचाने का एक प्रयत्न "प्रेरणा पथ" के माध्यम से किया गया है।

प्रकाशकः पुस्तक भारती, टोरंटो, कनाडा

At Sanskrit Hindi Research Institute, Toronto, Ontario, Canada, M2R 3E4.
books.india.books@gmail.com

ISBN : 978-1-897416-92-1

Copyright ©2018

© All rights reserved. No part of this book may be copied, reproduced or utilised in any manner or by any means, computerised, e-mail, scanning, photocopying or by recording in any information storage and retrieval system, without the permission in writing from the author.

समर्पण

यह किताब मैं अपने माता–पिता, परिजनों, स्नेहियों, मित्रों, गुरुजनों और उन महत्वपूर्ण अनुभव प्रदानकर्ताओं को समर्पित करता हूँ, जिन्होंने मेरे जीवन में किसी ना किसी रुप में प्रेरणात्मक भूमिका निभायी है और मुझे सही निर्णय लेने में पहले से अधिक सक्षमता प्रदान की है।

प्रेरणा पथ किसके लिए है?

किशोरावस्था से युवावस्था में प्रवेश करने वाले छात्र तथा छात्रों के सही मार्गदर्शन के लिए उनके उज्जवल भविष्य की कामना के लिए यह किताब लिखी गयी है। किशोरावस्था का महत्व एवं प्रभाव शेष सम्पूर्ण जीवन को प्रभावित करता है। अतः इस अवस्था परिवर्तन के दौरान छात्रों पर विशेष ध्यान देना अधिक महत्वपूर्ण हो जाता है। इसी कारण "प्रेरणा पथ" का एक विशेष महत्व है। जो शिक्षा या ज्ञान किशोरावस्था में बैठकर समझाने से या डांटकर बताने से किशोरों के दिमाग में अर्थात उनकी समझ तक पहुंचा पाने में कई बार गुरुजन, परिवारिकजन, माता-पिता स्वयं को असमर्थ पाते हैं, उन सभी बातों को बातों-बातों में छात्रों की समझ तक पहुँचाने का एक प्रयत्न "प्रेरणा पथ" के माध्यम से किया गया है।

प्रस्तावना

श्री पंकज वसंत जाधव द्वारा लिखित ''प्रेरणा पथ'' नामक किताब को पढ़ते समय सबसे पहले मुझे लेखक के प्रति आकर्षण और आत्मीयता अनुभव हुई। इस आकर्षण की निर्मिती के पीछे का कारण यह है कि यह लेखक वर्तमान की नवीन पीढ़ी के लिए एक सकारात्मक दृष्टिकोण प्रस्तुत करने के लिए प्रयत्नशील है। यह लेखक आज की नवीन पीढ़ी को निराशा के अंधेरों से बाहर लाकर इस पीढ़ी को सुंदर भविष्य के लिए नई दिशा का मार्ग दर्शन करा रहा है। आज की इस पीढ़ी के सम्मुख वर्तमान के समकालीन प्रश्नों को केवल उजागर करने की अपेक्षा इन प्रश्नों से संबंधित सही उत्तरों को खोजकर प्रस्तुत करने का प्रयत्न करना, यह आज सही अर्थ में प्रशंसनीय एवं सकारात्मक कार्य है। इसे नकारकर आगे बढ़ना अर्थहीन है।

हमारे चारों ओर समाज, प्रकृति, पर्यावरण के समकक्ष ऐसे अनेंक घटक होते हैं, और इन घटकों पर ही हमारा जीवन निर्भर है। यह घटक ही हमारे जीवन को दिशा प्रदान करते हैं और इस दिशा से ही हमारे व्यक्तित्व का निर्माण होता है। इसी कारण, हमारे व्यक्तित्व, आसपास के वातावरण तथा पर्यावरण के बीच घनिष्ठ संबंध होता है।

समाज में प्रत्येक काल में विभिन्न प्रश्नों का निर्माण होता रहा हैं। इन प्रश्नों से हम कभी विचलित होते हैं, कभी प्रसन्न होते हैं और कभी इन प्रश्नों की भूल–भुलैया में से सही दिशा खोजकर अपना जीवन सुंदर करने का प्रयत्न करते हैं। आशा और निराशा के खेल में से होकर हमारा जीवन आगे बढ़ता है। यदि परिस्थितियाँ हमारे अनुकूल हों तो, हम इन परिस्थितियों के अनुरुप अपना जीवन सुंदर बनाने का प्रयत्न करते हैं और यदि परिस्थितियाँ प्रतिकूल हों तो, निराश होकर दिशाहीन भी हो जाते हैं। कभी–कभी हम अनुकूल परिस्थितियों का सही उपयोग नहीं कर पाते और कभी–कभी हमारे सम्मुख जो परिस्थिति प्रस्तुत होती हैं, वह हमारे लिए अनुकूल है या प्रतिकूल है, हमें इसकी समझ ही नहीं होती और भविष्य में जब कोई परिस्थिति हमारे वश से बाहर हो जाती है, तो हम पछतावा करते हैं। इसी कारण, सम्मुख प्रस्तुत प्रतिकूल परिस्थिति के आगे हम सर झुकाकर खड़े हो जाते हैं। ऐसी परिस्थितियों से लड़ने की हमारी हिम्मत नहीं होती, हम हिम्मत हार कर बैठ जाते हैं। हम हमारा आत्मविश्वास पूरी तरह से खो चुके होते हैं जिससे हम अंततः विवेकपूर्ण विचार न करते हुए असफलताओं से विवश होकर आत्महत्या जैसा झुटकारे का मार्ग खोजने का प्रयत्न करने लगते हैं। किन्तु, इस

प्रकार के मार्ग पर चलकर ना हम स्वयं सुख प्राप्त कर पाते हैं और ना ही हमसे जुड़े लोग सुखी हो सकते हैं। हमारे द्वारा जिन कार्यों के करने से हमसे संबंधित सभी प्रियजनों को केवल दुःख ही प्राप्त होना है, ऐसे कार्य का विचार भी हमारे मन–मस्तिष्क में क्यों आने देना चाहिए?

हमारी आंतरिक महत्वाकांक्षाओं और उन्हें पूर्ण करने के लिए किये जाने वाले प्रयत्न और परिश्रम के बीच तालमेल जमाना अत्यंत आवश्यक है। यह संतुलन बनाना बहुत ही आवश्यक है। संतुलन बनाने से जीवन सुंदर बनता है और संतुलन नहीं बना पाने की स्थिति में यह जीवन घातक हो जाता है। संतुलित जीवन की अपेक्षा असंतुलित जीवन से उभरने वाले प्रश्न, विचलित करने वाले और मनुष्य जीवन को बर्बाद करने वाले होते हैं। असंतुलित जीवन से युवा वर्ग निराशा, हताशा, असफलता, मानसिक विकार इत्यादि अवस्थाओं से होकर गुजरने लगता हैं, जिसके परिणाम आगे चलकर मनोरोग, आत्महत्या जैसे विनाशक रुप में हमारे सामने आते हैं और आज की परिस्थितियों में इस प्रकार की बातें अधिकाधिक देखने को मिल रही हैं।

इस प्रकार के असफलताग्रस्त और निराशाग्रस्त जीवन को सकारात्मक व आशावादी जीवन में कैसे परिवर्तित किया जाए, इससे संबंधित अत्यंत ही मौलिक विचार श्री पंकज वसंत जाधव अपने इस लेखन में प्रस्तुत कर रहे है। नवीन ऊर्जा को अंधेरे में से प्रकाश की राह दिखाने वाले यह लेखक, एक प्रकार से सामाजिक दायित्व निभा रहे हैं। मनुष्य मन में घिरे निराशा के अंधकार को दूर करके उसके स्थान पर आशा की किरण प्रज्ज्वलित करना, यह काम आसान नहीं है। इसके लिए, मूलतः लेखक के अंतःकरण में समाज के प्रति आस्था और असीम सकारात्मकता होनी अत्यंत आवश्यक है और यही सकारात्मक आस्था की भावना श्री पंकज जाधव के व्यक्तित्व में पूरी तरह समाहित है। उनके द्वारा इस किताब के उपरांत भी सकारात्मक और समाज का मार्ग दर्शन करने वाला लेखन किया जाना चाहिए, यही मेरी मंगल–कामना है!

डॉ. रवींद्र शोभणे
16 पंचदीप नगर,
वर्धा रोड़, नागपूर–25

भूमिका

आज हमारे समाज में भ्रामकताओं ने मजबूती से अपने पैर जमा लिये हैं। इन भ्रामकताओं के शिकार सबसे जल्दी किशोर और युवा हो रहे हैं, जिसके परिणामस्वरूप नयी पीढ़ी के इन युवा छात्र तथा छात्राओं के सही मार्ग से भटक जाने की बढ़ती हुई संभावनाओं को नकारा नहीं जा सकता। पाठशालाओं तथा महाविद्यालयों में प्राप्त ज्ञान की सीमाएँ तय हैं। किन्तु, जीवन को समृद्ध और खुशहाल बनाने का ज्ञान समाज, वातावरण, मित्रों, सहपाठियों और सबसे मुख्य परिवार से प्राप्त होता है। इसमें दोनों ही विकल्प छात्र-छात्राओं के लिए उपलब्ध हैं। यदि वे सही मार्ग पर अपने जीवन को ले जाना चाहते हैं तो जिज्ञासा तथा ज्ञान से परिपूर्ण मार्ग और सुंदर मंजिलें भी उपलब्ध हैं और यदि गलत मार्ग का अनुसरण करना चाहें, तो बुराईयों का मार्ग भी उपलब्ध है। सही और गलत मार्ग के चुनाव की आरंभिक स्थिति में समझ की बारीकियों को प्रकाशित करने का कार्य कोई भी नहीं करता। बहुत ही कम ऐसे भाग्यवान छात्र तथा छात्राएँ होती हैं, जिन्हें इस सूक्ष्म ज्ञान की जानकारी देने वाला कोई शक्स मिल जाता है और वे अपने जीवन का पथ सही दिशा में सुनिश्चित कर पाते हैं। एक बहुत बड़ा छात्र वर्ग आज भी सही और गलत की बारीकियों से अनभिज्ञ केवल चलते रहने के लिए विवश होता है जिसके परिणामस्वरूप अपेक्षाएँ उपलब्धता से अधिक हो रही हैं और समाज में बेरोजगारी तथा असभ्यता अपना साम्राज्य विस्तृत कर रही है।

यदि चुनाव की आरंभिक स्थिति को नियंत्रित कर छात्र-छात्राओं द्वारा एक उद्देश्यपूर्ण लक्ष्य की दिशा में आगे के मार्ग पर कदम बढ़ाये जायें, तो परिस्थितियों के अनुकूल होने की अधिक संभावना होगी। प्रतिस्पर्धा तो इस युग में भी है और आने वाले समय में भी रहने वाली ही है लेकिन, जिस तीव्रता से प्रतिस्पर्धा का प्रमाण और स्तर बढ़ता जा रहा है, उसकी तुलना में, विद्यार्थियों में शिक्षा तथा ज्ञान प्राप्त करने की लालसा में वृद्धि दृष्टिगोचर नहीं हो रही। अतः इस प्रकार की स्थिति से निपटने के लिए इस स्थिति की जड़ तक जाना अनिवार्य है तथा किसी विकट स्थिति के सर उठाने के पहले ही सही-गलत के फर्क को स्पष्ट करना आवश्यक है।

पंकज वसंत जाधव

अनुक्रम

प्रस्तावना

भूमिका

1. नई सोच का सृजन	1
2. नई सोच से परिचय	15
3. नई सोच की कटुता व नये मार्ग की दिशा	29
4. नई सोच का मार्ग	43
5. नये मार्ग की धूप-छाँव	56
6. नये मार्ग पर चुभन व मरहम	65
7. नये मार्ग पर समय व न्याय	80
8. नये मार्ग में नियम व चुनौतियाँ	87
9. नये मार्ग के रहस्य	99
10. नये व्यक्तित्व का सृजन	107
लेखक परिचय	120

1. नई सोच का सृजन

प्रेरणा उस अद्वितीय औषधी के समान है, जो हमें जीवन के अंतिम छोर की तरफ ले जाने के मार्ग से पुनः जीवन को सुचारु रुप से जीने के लिए महत्वपूर्ण किरदार निभाती है। प्रेरणा का सही महत्व भी किसी अचूक औषधी की तरह ही हमें केवल तभी ज्ञात हो सकता है, जब हमें तकलीफ हो अर्थात् मन विचलित हो। इस क्षेत्र में भरपूर कार्य किया गया है, किया जा रहा है किन्तु, उनके लिए जिनका मन विचलित हो गया है। यदि इस कार्य की दिशा परिवर्तित कर यह कार्य मन को विचलन की लगभग सभी बातों से अवगत कराने के लिए किया जा सके, तो शायद अधिक लाभकारी होगा। जिससे की मन की प्रत्येक दशा में आप इसकी गति पर अपना नियंत्रण रखने में सक्षम बन जाएँगे।

अब चलिए हम समझते हैं कि, क्यों आपके लिए यह ज्ञान इस समय से आवश्यक हैं?

दसवीं की परीक्षा पास कर लेने के बाद आने वाले संपूर्ण जीवन के लिए यह एक बहुत ही महत्वपूर्ण मोड़ है। अर्थात् यह हमारे जीवन का पहला मध्यान्तर (इंटरवल) है। इस मोड़ से आगे का पूरा सफर और मुकाम की प्रथम सीढ़ी, इस एक वर्ष के अंत में लिये गये अंतिम निर्णय पर आधारित होने की संभावना अत्यधिक होती है। यदि प्रतिशत की भाषा में इसे नापने की कोशिश करें, तो लगभग 95 प्रतिशत जागृत छात्रों का भविष्य इसी एक वर्ष के अंतिम निर्णय के अनुसार आधारित हो जाता है। "अपने भाग्य के विधाता आप स्वयं भी हो सकते हो।" यदि आप इस कथन पर अमल करने में विश्वास करना पसंद करते हो, तो हमारी बात आपके लिए एकदम सरल और सहज हो जाती है।

समझ का दायरा जितना छोटा होगा, जीवन उतना ही कठिन और विपत्तियाँ (प्रॉब्लमस्) उतनी ही विशाल नजर आऐंगी। इसके विपरीत, यदि हमारी समझ का दायरा विशाल होगा, तब जीवन न केवल आपके स्वयं के लिए, अपितु आपके अपनों के लिए (आपकी सोच से उत्पन्न परिणामों में) और आपके मित्रों के लिए आपकी उपस्थिति पर लाभकारी सिद्ध होगा। हम आशा करते हैं, आपने यह कहावत सुनी होगी कि, ''सौ मूर्खों की संगत से एक बुद्धिमान का साथ सदैव लाभकारी होता है।'' बस आपके प्रयत्नों के संग्रह (कॅलेक्शन) में केवल इस बुद्धिमानी के गुण का सही तरह से समावेश और सटीकतापूर्वक इस गुण का उपयोग करने की कला के लिए ही हमारा यह प्रयत्न, इस किताब के शब्दों के माध्यम से आपको समर्पित किया जा रहा है।

आप अब तक जो भी सोचते हैं, वह सोच शायद आपकी स्वयं की नहीं है। यदि हो सके तो, आप अपने आपसे निम्नलिखित प्रश्न कम से कम दस बार और अधिक से अधिक सौ बार पूछिये :

➢ क्या जो भी मैं अपने लिये सोचता/सोचती हूँ, वह केवल मेरी अपनी सोच के अनुसार है?

➢ क्या मेरी सोच में कहीं कोई सीमाओं का बंधन है?

➢ क्या मेरी सोच के दायरे में अपनों के पदचिन्हों के निशान मौजूद हैं?

➢ क्या कोई भय मेरी सोच के पंखों का वजन बढ़ा देता है, जिससे भविष्य के लिए मेरी सोच की उड़ान बहुत ही छोटी या नगण्य है?

हम माफी चाहते हैं कि, इस तरह की गंभीर पंक्तियों का प्रयोग इस उम्र में आपके सामने कर रहे हैं। किन्तु, आपसे चर्चा का यह विषय वास्तव में बहुत गंभीर है। अतः

अपने उज्जवल भविष्य के लिए इस गंभीरता के साथ हमारा हाथ थामें हुए, इस पथ पर चलते रहिये। ताकि, जीवन का वास्तविक सफर आपको गंभीर और दुःखद लगने की बजाय, चुनौतीपूर्ण और जाना पहचाना–सा लगे। जीवन उनके लिए आसान या सहज नहीं बन पाता, जो इसे मज़ाक में लेते हैं। यह उनके लिए ही सरल होता है, जो इससे निरंतर साहसपूर्वक नजरें मिलाकर संघर्ष करने की क्षमता रखते हैं।

चलिए, हम एक छोटा–सा उदाहरण देखते हैं। यदि जंगल का सबसे ताकतवर प्राणी शेर अपने पंजो से एक चूहे, हिरण, नीलगाय, जंगली भैंसे, गेंड़े या हाथी को पकड़ने का प्रयत्न करे, तो इसके हर प्राणी पर परिणाम अलग–अलग होंगे। जैसे, चूहा अपनी पूरी ताकत लगा कर भी शेर के पंजों से छूट नहीं पाएगा; हिरण के छूट जाने की संभावनाएँ बनती हैं; नीलगाय प्रयत्न करेगी, तो बच भी जाये, शायद! जंगली भैंसे को अकेला एक शेर शायद ही मार पाये; गेंड़ा स्वयं शेर को मार के भगा सकता है और हाथी पर पंजा मारने से पहले शेर को भी दस बार विचार करना होगा।

यहाँ शेर जीवन की विषम परिस्थितियाँ हैं और अलग–अलग प्राणियों की जगह हम मनुष्य इन परिस्थितियों का सामना करने वाले अलग–अलग व्यक्ति विशेष। जैसे आप अपने आस–पास कई ऐसे लोगों को देख सकते हैं, जो दो वक्त की रोटी जुटाने के चक्कर में सुबह से रात तक बहुत कड़ी मेहनत करते हैं और केवल किसी तरह जीवनयापन कर पा रहे हैं। वे अपनी तथा अपनों की महत्वपूर्ण जरुरतों को भी अच्छी तरह पूरा नहीं कर पाते।

जानते हैं क्यों? क्योंकि, उनसे निर्णायक मोड़ पर निर्णय लेने में भुल हो गयी और वे गलत मोड़ पर मुड़ गये। इसके बाद परिस्थितियों का शेर उन्हें बड़ी ही आसानी से अपने पंजों में दबाये हुए है।

कारण चाहे जो भी हो। लेकिन, एक गलत निर्णय हमारे स्वयं के लिए तथा हमारे अपनों के लिए परेशानियों का कारण बन जाता है। यह एक विचार आपको दिया गया है, इससे आप किसी अन्य को दोषी ठहराने की बजाय, यदि अपने अंदर जन्म लेने वाले दोषों का निवारण करेंगे, तो यह ज्यादा उचित होगा, आपके लिए।

प्रेरणा (मोटिवेशन) के क्षेत्र में एक बहुत ही मशहूर हस्ती ने यू-ट्यूब पर अपने एक विड़ीयो में कहा है कि, ''सब आसान है, सब-कुछ आसान है, यह जीवन, यह भी आसान है, केवल आपको इसे समझना आना चाहिए और जीवन की तरफ आपके देखने का नजरिया सकारात्मक होना चाहिए।''

मगर, हमें लगता है कि, यह आसान विचार इतना आसान नहीं है, और किशोरों के लिए जीवन को समझना और सही दिशा में ले जाना भी आसान नहीं है। जब तक आपको यह नहीं मालूम हो कि, जाना कहाँ है? यदि आपको अपना लक्ष्य मालूम है और उस लक्ष्य के लिए मिलने वाली सहायता उपलब्ध है, तब हो सकता है कि राहें आसान लगें। लेकिन, फिर भी मंजिल के लिए मेहनत आपको ही करनी होगी और वह भी ईमानदारी से।

तो तैयार हो जाइए आगे के ऊँचे-नीचे और उबड़-खाबड़ सफर में अपने पैर जमाते हुए चलने के लिए।

सही अर्थ में सफलता क्या है?

इस प्रश्न के प्रतिउत्तर में प्रसिद्ध लेखक राबर्ट लुईस स्टेवेन्सन द्वारा सफलता के लिए लिखी गयी परिभाषा इस प्रकार है, ''वह व्यक्ति सफल है, जो अच्छी तरह से रहता है, अक्सर हँसता है और बहुत प्यार करता है; जो बुद्धिमान व्यक्तियों से सम्मान प्राप्त करता है और बच्चों का स्नेह पाता है; जिसने अपने जीवन की आश्यकताओं को

पूरा किया है तथा जिसने अपना कार्य पूर्ण किया है; जिसने जीवन को जैसा पाया, उससे बेहतर जीया है, चाहे वह अफिम की खेती में सुधार करके हो, एक अच्छी कविता के माध्यम से या आत्मा के उद्धार से हो; जो पृथ्वी (जीवन) की सुंदरता की प्रशंसा करने में कभी नहीं चुकता है या इस प्रशंसा को व्यक्त करने में विफल नहीं है; जो दूसरों में उनकी अच्छाइयों को देखे और अपनी तरफ से सर्वोत्तम प्रदान करे।'' इन पंक्तियों में आप किसी भी सफल स्त्री या पुरुष की झलक पा सकते हैं, जिसके प्रति आपके मन में सम्मान हो।

यहाँ एक अलग ही तथ्य हमारे सामने आता है कि, प्रथम सफलता सदैव ही असंख्य असफलताओं की सीढ़ियों को पार करके ही प्राप्त होती है। जैसे – यदि एक छोटा बच्चा सायकल चलाना सीख रहा हो, तो उसे यह ज्ञात नहीं होता कि वह कितनी बार संतुलन खो चुका है या कितनी दफा गिरा है। लेकिन, जब वह प्रदर्शन के लायक हो जाता है, तो वह असफलताओं को याद न करते हुए अपना प्रदर्शन बेहतरीन करने का प्रयास करता है। और जो बच्चा अपने असफल प्रयासों के दौरान लगी चोटों को याद करता है, वह अपने कामयाब प्रदर्शन से भी प्रसन्न कर देने वाली सफलता का लाभ नहीं ले पाता।

इसी संदर्भ में लगातार लगभग तीस वर्षों तक हार, असफलता और दुःख का सामना करने वाले महान अब्राहम लिंकन जो कि अंततः (मार्च 1861 से अप्रेल 1865 अपने छलघात तक) संयुक्त राज्य अमेरीका के सोलहवे राष्ट्रपति बने। इस अद्भूत व्यक्ति ने असफलताओं की परवाह न करते हुए आगे बढ़ते रहने की प्रेरणा के लिए लिखा है, ''मैं सदा ही अपने बेहतरीन प्रयत्न करूँगा, परिणाम की परवाह किये बिना और एक दिन मेरा वक्त (भाग्योदय) आएगा।''

हमारी धारणा है कि, ''वक्त उन्हीं को ताज पहनाता है, जो वक्त की बेरहम और बेआवाज़ लाठियों के सामने अपने घुटने नहीं टेकते। वह जो अपने लक्ष्य के लिए सब सहकर भी आगे बढ़ते रहते हैं।''

प्रसिद्ध प्रेरक प्रवक्ता तथा लेखक श्री शिव खेरा जी ने अपने किसी वक्तव्य (स्टेटमेंट) में एक बहुत ही सुंदर वर्णन प्रस्तुत किया है कि, ''अपने देश की तरफ से हिस्सा लेने वाले एक धावक को अपने 15 सेकेंड़ के बेहतरीन और सर्वोत्तम प्रदर्शन के लिए लगभग 15 सालों का अभ्यास या मेहनत करनी होती है। तब कहीं जाकर वह देश के लिए कोई पदक अर्जित कर पाता है। तब कहीं जाकर उसे दुनिया उसके नाम और काम से पहचानती है।'' देश के लिए पदक अर्जित (कमाना) करना एक बहुत बड़ी उपलब्धि है। इस सपने को हर दिन देखना होता है, हर दिन सोचना होता है। इस स्वप्न के लिए जाने क्या–क्या त्याग और कितना तप समर्पित करना होता है। यह कल्पना, यह स्वप्न, इसकी राह की जानकारी यदि आप इस कक्षा में, इस उम्र में प्राप्त कर लें और इसकी गहराई में उतरने का प्रयत्न आरंभ कर दें, तो आपके द्वारा चुने गये किसी भी मार्ग के दूसरी ओर आपको अपनी सफलता आपके इंतजार में बैठी नजर आएगी।

मान लिजिए, आपको एक बड़ा पात्र दिया गया है और इस पात्र में हर रोज मात्र एक कंकड़ ड़ालते हुए, आपको यह पात्र पूरा भरना है। शर्त एकदम साफ हैः रोज मात्र एक कंकड़ पात्र में ड़ालकर उस पात्र को पूरा भरना है, और जिस दिन वह पात्र पूर्णतः भर जाएगा, सारे कंकड़ सोने के हो जायेंगे। यदि आप में नियम से बंधने और दिये गये नियमों का पालन करने की क्षमता है, तो आप हमारी दी गयी इस शर्त से न तो घबराऐंगे और न ही विचलित होंगे। यदि आप यह संभव करके दिखा सकें, तो सफलता का यह पात्र आपकी हर दिन की मेहनत और अभ्यास से एकदिन पूरा भर जाएगा। उस दिन आपके हाथ में अनुभव रुपी वह सोना होगा जिसके खरीदार आपको

खोजने नहीं होंगे। आपका हूनर, आपकी क्षमताएँ स्वयं चुम्बक की तरह पारखियों (जानकारों) को आपके सम्मुख लाकर खड़ा कर देगी।

यदि हम सामान्यताओं की बात करें, तो हमारे चारों ओर सामान्य लोगों की अधिकता होती है। जैसे लाल चिंटियों के समूह में चारों ओर लाल रंग की चिंटियाँ नजर आती है। किन्तु, यदि इस समूह में आपको काले रंग की कोई चिंटी नजर आ जाये, तो आप कम या ज्यादा आश्चर्य जरुर करेंगे। बस इसी प्रकार जब सामान्य लोगों के एक विशाल समूह में हमें एक असामान्य व्यक्ति नजर आता हैं या कोई असामान्य बातें करता हैं, तो बाकी सभी कम या ज्यादा आश्चर्य अवश्य करते हैं। बहुत कम लोग हमारी अनोखी या अलग बातों की सराहना करते हैं और अधिक से अधिक लोग हमारी विशेष गतिविधियों का विरोध करते हैं या नकारात्मक प्रतिक्रिया व्यक्त करते हैं। जो व्यक्ति अपने प्रशंसकों की संख्या बढ़ाने में सफलता हासिल कर लेता है, वह सफल कहलाता है और जो निरंतर अपने प्रशंसकों की संख्या बढ़ाता चला जाता है, वह प्रसिद्ध हो जाता है।

जीवन को सोचने के तीन तरीके होते हैं :

पहला तरीका – हम जीवन के बारे में कुछ नहीं सोचते हैं, बस जीये चले जाते हैं। यह सबसे आसान और कुछ भी विशेष न कर पाने वाला तरीका है।

दूसरा तरीका – हम जीवन के बारे में सोचते तो हैं। किन्तु, सोच और सोच को वास्तविकता में बदलने के मध्य 'किन्तु', 'परंतु' और दुनिया भर की भावनाएँ या अन्य कोई तथ्य सदा उपस्थित करते रहते हैं तथा थोड़े में ही संतोष मान लेते हैं। मजेदार बात यह है कि, इस संतोष रुपी कमजोरी को 'भाग्य' का नाम देकर हम हमारी सारी कमजोरियाँ सहन करने की ऊर्जा प्राप्त कर लेते हैं और यह ऊर्जा हमारी हर असफलता के साथ बढ़ती जाती है तथा हम जीवन भर खुद अपने मुँह से गिनी–चुनी, किसी तरह प्राप्त की हुई बेसिर–पैर की सफलताओं के ढ़ोल पीटते नजर आते हैं।

उदाहरण : आपने लोगों को बोलते सुना होगा, ''मैनें तो स्कुल में ये प्रतियोगिता जीती थी, मैं कॉलेज में सबसे अच्छे अंको से उत्तीर्ण हुआ था, मैनें जवानी में कई पहाड़ियाँ चढ़ी थी।'' अरे भाई सीधे–सीधे बोलिये न कि, आप में क्षणिक जोश आया था और परेशानियों के आगे आपके साहस ने दम तोड़ दिया। इसके बाद आप वापस उसी जीवन में लौट आये, जिसे यहाँ सामान्य कहा गया है।

तीसरा तरीका – हम अच्छे जीवन के बारे में निरंतर सोचते रहते हैं। हमारी हर असफलता, हमारे लिए एक यादगार चुभन बन जाती है, जो सदा ही सफलता की तरफ बढ़ते समय हमें पुनः असफल न होने की सोच, चेतावनी प्रदान करती रहती है और हमारे हर बढ़ते कदम को सफलता की तरफ ले जाती है। यह कदम छोटे–छोटे होते हैं। कभी–कभी तो हमारे बढ़ते कदम कई दिनों, महिनों या सालों नजर भी नहीं आते। लेकिन, हर कदम ने कुछ न कुछ दूरी अवश्य तय की होती है। इसलिए, जिस दिन परिवर्तन दिखायी देता है। हम में यह परिवर्तन दूसरे लोगों को आश्चर्य में ड़ाल देता है। हमें निरंतर छोटे–छोटे कदमों की आहट सुनने की आदत बना लेना चाहिए। अर्थात् अपनी तीक्ष्ण रुचि और शारीरिक तथा मानसिक क्षमता के अनुरुप किसी एक कार्य का चुनाव कर उसके लिए हर रोज छोटे–छोटे कदमों से चलना चाहिए। यदि रुचि की तीक्ष्णता तीव्र होती जाएगी, तो शारीरिक और मानसिक कमजोरीयाँ स्वतः ही दूर होने लगेंगी और आपके निरंतर प्रयास अनायास (बिना जाने) ही दूसरों को आकर्षित करने की क्षमता में वृद्धि करते चले जायेंगे।

भारत देश के महानतम् व्यक्तित्वों में से एक स्वामी विवेकानंद जी ने इसी आशय से कहा था, ''खड़े हो जाओ और लड़ो! एक कदम भी पीछे मत रखना, इस अवधारणा के साथ जो भी समक्ष आये उससे लड़ो। सितारों को अपने ग्रह पथ में चलने दो! इस सारी दुनिया को हमारे विरुद्ध खड़े हो जाने दो!''

हर दिन हमें प्राप्त अमूल्य समय को समझाने के लिए कुछ बहुमूल्य पंक्तियाँ हमारे प्रिय भारत के मध्यकालीन युग के एक कवि ने कुछ इस प्रकार व्यक्त की हैं :

जीवन की घड़ी को केवल एकबार ही घुमाया जा सकता है,
यह समझाया जा रहा है केवल समय के रहने तक,
यह ज्ञान अंतिम समय किसी भी काम का नहीं,
आप स्वयं ही तुलना कर लिजिए।
अच्छा जीवन,
इस जीवन का अध्ययन
और कड़ी मेहनत से जीने की इच्छा रखना।
जो करना है,
वह आज से ही आंरभ करना
कल में विश्वास मत रखना।
कल किसी के लिए
समय थम भी सकता है।

अब हमको निर्णय लेना है कि, हम किस प्रकार के जीवन के लिए स्वयं को तैयार करने जा रहे हैं। एक बहुत ही महत्वपूर्ण पंक्ति हमारी तरफ से आप सभी के लिए प्रस्तुत है, इस पंक्ति को अपनी आत्मा में बसने की अनुमति प्रदान किजिए। इस एक पंक्ति में दुःख में सुख के लिए प्रेरित करने की क्षमता भी है और सुख में आपको भटकने से रोकने की ताकत भी है। इसमें पिता की फटकार भी है और माता का स्नेह भी, बड़े भाई की सलाह भी है और बहन से मिलने वाली तरफदारी भी।

"समय परिवर्तन प्रकृति का नियम है।"

नकारात्मक सोच से उपरोक्त पंक्ति का अनर्थ बड़ी ही आसानी से किया जा सकता है। जीवन में हम जिस प्रकार की सोच को अपने मन में और दिमाग में पनपने की

जगह प्रदान करते हैं, वैसे ही हम बनते चले जाते हैं। इसलिए, हमको नकारात्मक सोच से बचना है।

प्रयोग स्वरुप यदि कोई व्यक्ति हमको लगभग नापसंद है और हम उससे घृणा कर सकते हैं। किन्तु, वह हमारा करीबी है, जिसे हम टाल नहीं सकते। तब हमें उसकी बातें सुनने की क्षमता बढ़ाना सीखना चाहिए और उसकी कही हुई बातों में से हमें पसंद न आने वाली सारी ही बातों को उलटकर सोचना आरंभ कर देना चाहिए। हो सकता है, शुरुआत में यह प्रयोग हमें उबाऊ (बोरिंग) लगे। किन्तु, यदि हमको यह करना आ जाये तो, हम बुराई में से अच्छाई को छानकर निकाल लेने का गुण सीखने लगेंगे। जैसे हंस को यदि दूध में पानी मिलाकर दे दिया जाये तो, वह केवल दूध पी लेता है और पानी शेष रह जाता है।

इस दुनिया में नकारात्मक सोच की बहुतायत है। आपको प्रोत्साहन बड़ी ही दुर्लभता से प्राप्त होता है। जिस प्रकार सोने की खान में से सोना प्राप्त करने के लिए कई दिनों की कड़ी मेहनत की आवश्यकता होती है, उसी प्रकार लोगों से प्रोत्साहन प्राप्त करने के लिए निरंतर कड़ी मेहनत से होकर गुजरना पड़ता है। अब हम यहाँ एक सच से आपका परिचय कराते हैं। नकारात्मक सोच के व्यक्ति पहले तो आपको आपके हितेशी प्रतीत होंगे, इसके बाद आप उनकी बातों से भ्रमित होना आरंभ कर देंगे क्योंकि, आपके उत्साह, जोश और किसी कार्य को कर गुजरने का स्तर सकारात्मक है, जबकि आपके सामने एक नाकारात्मक सोच वाला व्यक्ति उपस्थित है, जो आपका मार्ग दर्शन कर रहा होता है या उस कार्य के नकारात्मक पहलू प्रस्तुत कर रहा होता है।

उदाहरण के लिए : यदि किसी डॉक्टर का बेटा या बेटी दसवीं के उपरांत अगली कक्षा में विज्ञान की बजाय कला या वाणिज्य विषय में प्रवेश लेने की बात कहे, तो उसे अपने पिता, परिवार, मित्रों तथा संबंधियों की हजार सलाहों का सामना करना होगा। यदि उसे स्वयं यह अनुमान है कि, वह विज्ञान के विषयों के लिए उपयुक्त नहीं है, तो इस सोच में क्या बुराई है? लेकिन, एक डॉक्टर पिता को शायद कला या वाणिज्य में

तरक्की की कोई राह नजर न आती हो। इन विषयों के लिए उनकी सोच नकारात्मक साबित हो सकती है। क्योंकि, उनके पास तो विज्ञान के विषय की अधिक से अधिक जानकारी उपलब्ध है।

चलिए, पिता पुत्र के इस विषय पर होने वाले संवाद से हम नकारात्मकता में से सकारात्मकता को छानकर निकालने का एक प्रयोग करके देखें।

डॉक्टर पिता तथा उनके पुत्र के मध्य उपरोक्त विषय पर संवाद की एक छोटी–सी झलक निम्नप्रकार से है :

पुत्र – पिता जी मैं दसवीं कक्षा में पास होने के बाद, अगली कक्षा में वाणिज्य विषय लेकर पढ़ना चाहता हूँ।

पिता – बेटा तुम पढ़ाई में अच्छे हो और तुम अच्छे अंको से उत्तीर्ण भी होने वाले हो, तो फिर वाणिज्य जैसे विषय में प्रवेश क्यों लेना चाहते हो?

पुत्र – पिता जी मुझे लगता है कि, मैं विज्ञान के विषयों के लिए उपयुक्त नहीं हूँ। मैं जितनी अच्छी तरह वाणिज्य के विषय को समझ सकता हूँ, उतनी सरलता से विज्ञान के विषयों को समझ पाना मेरे लिए कठीन हो सकता है। किसी तरह रटकर मैंने अभी तक विज्ञान से संबंधित प्रश्नों में अच्छे अंक प्राप्त किये हैं। किन्तु, इन प्रश्नों को समझना मेरे लिए जटिल (कठिन) है।

पिता – धीरे–धीरे प्रयत्न करने पर विज्ञान विषय तुम्हें समझ में आने लगेगा। तुम कोशिश तो करो, और वैसे भी वाणिज्य के विषय में आगे के जीवन निर्वाह के लिए तुम क्या अर्जित कर पाओगे। हमने मेहनत की है, तो देखो आज आजीविका चलाना, तुम्हारा लालन–पालन कितनी अच्छी तरह से कर पा रहे हैं।

पुत्र – पिता जी, किन्तु मुझे संदेह है कि, मैं विज्ञान के विषयों पर अपना प्रभुत्व जमा पाने में पूरी तरह सक्षम हो पाऊँगा या नहीं।

पिता – बेटा, मैं आपकी मद्द करूँगा। आप अच्छी ट्यूशन क्लास में चले जाना। मेहनत करोगे, तो एक दिन आप भी डॉक्टर बन जाओगे। वाणिज्य विषय में भविष्य इतना उज्जवल नहीं है।

अब पुत्र ने अपनी गहन जानकारी में से इन सभी प्रश्नों के उत्तर बड़ी ही विनम्रता पूर्वक पिता के सामने प्रस्तुत किये। वे इस प्रकार है :

पुत्र – पिता जी, मैं आपकी बात से सहमत हो जाऊँगा, यदि आप मेरे कुछ प्रश्नों के उत्तर देना पसंद करें।

पिता – पूछो।

पुत्र – क्या आपके अस्पताल में कोई लेखापाल (एकॉउन्टेन्ट) है?

पिता – हाँ अवश्य है। किन्तु, वह कितनी पगार (सेलरी) पाता है, क्या यह तुम्हें ज्ञात है?

पुत्र – जी! मुझे ज्ञात है।

पिता – फिर क्यों वाणिज्य विषय लेना चाहते हो?

पुत्र – पिता जी, मेरा दूसरा प्रश्न है कि, क्या आपको अपने सारे लेन–देन का हिसाब सही रखने के लिए तथा आयकर भरने के लिए किसी प्रामाणिक सरकारी लेखाधिकारी (चार्टड एकॉउन्टेन्ड)की आवश्यकता पड़ती है?

पिता – हाँ पड़ती है।

पुत्र – क्या वह स्वयं आपके पास आता है या आपको उसके पास जाना होता है?

पिता – मुझे उसकी जरुरत पड़ती है।

पुत्र – आप जो फीस उसे देते हैं, उसके अनुसार वह कितना व्यवसाय कर लेता होगा, क्या इसका कोई ब्यौरा आपके अनुमान में है?

पिता – लगभग मेरे जितना ही कमा लेता होगा।

पुत्र – मुझे आशा है कि, आपको आपके प्रश्नों का हल प्राप्त हो गया होगा।

पिता – शायद, तुम ठीक कह रहे हो।

नकारात्मकता संपूर्ण जानकारी के अभाव का परिणाम भी हो सकती है और अधिकांशतः यह असफलताओं से उत्पन्न होती है। यदि किसी विषय या कार्य में पहले प्रयत्न कर चुके व्यक्ति को असफलता का स्वाद एक या एक से अधिक बार चखने मिल गया हो, तो वह उस विषय या कार्य के प्रति अपनी नकारात्मक सोच को विकसित होने देता है और उसी सोच को सींचता रहता है। वह केवल यहीं नहीं ठहर जाता, वह चाहता है कि, आने वाला हर पथिक (राहगीर) इस सोच को पानी दे और

इस कँटीले पौधे को हरा–भरा बनाये रखे। किन्तु, यह कहाँ तक उचित है? मिथ्या को सत्य के आगे हारना ही होता है।

आदरणीय संत कबीर दास जी ने इस तथ्य को बड़ी ही सुंदरता से प्रस्तुत किया है। वे कहते हैं,

"निंदक नियरे राखिए, आँगन कुटी छवाय,
बिन पानी, साबुन बिना, निर्मल करे सुभाय।"

अर्थ : जो हमारी निंदा करता है, हमारा उपहास करता है, हमें नकारात्मकता प्रदान करता है, उसे अपने अधिकाधिक पास रहने देना चाहिए। वह तो साबुन और पानी के बिना ही हमारे सकारात्मक स्वभाव को निखारता रहता है।

यहाँ आवश्यक है कि, हम अपने लाभ की बातें निंदक की नकारात्मक सोच में से छानकर निकालना सीख लें।

2. नई सोच से परिचय

हर किसी को सफलता चाहिए होती है। यह इसी प्रकार सच है, जिस प्रकार धरती के ऊपर वह नीला आकाश। जिसने कुछ भी मेहनत न कि हो, वह भी सफल होने की इच्छा रखता है, जिसने आधी–अधूरी मेहनत की है, उसे भी सफल होना है और पूरी तैयारी के साथ मैदान में उतरने वाला तो सफल होने की पक्की उम्मीद के साथ भाग लेता है। किन्तु, क्या इस परिस्थिति में सभी का सफल हो पाना संभव है?

मुख्य यह है कि, यदि हम लक्ष्य का बीज बोते हैं, उसे प्रयत्नों का पानी देते रहते हैं, तब कहीं जाकर वह बीज अंकुरित होता है। इस नये पौधे को हमें नकारात्मकता की तेज धूप से, निरंतरता में आने वाले आलस्य की तपन से, परिस्थितियों की मुसलाधार बारिशों से तथा दूसरी किसी अन्य सोच के भार के द्वारा कुचले जाने से लगातार बचाये रखना होता है। समय–समय पर अपने लक्ष्य के पौधे के लिए हमको सकारात्मक विचारों की खाद देना होती है। इस पौधे की अच्छी सेहत के लिए आस–पास की मिट्टी को खोद कर ढ़िला करना होता है अर्थात् लक्ष्य के प्रति हमारी गति में वृद्धि के लिए उचित प्रयोग करते रहना आवश्यक हैं। इस पौधे की लंबी उम्र के लिए विश्वास की दिवार चारों ओर (फेंसिंग) लगानी होती है। ताकि कोई नकारात्मक गाय या बकरी इसे खाने में सफल न हो सके। जब हम इतनी मेहनत कर रहे हैं अपने लक्ष्य के वृक्ष से सफलता का फल पाने के लिए, तो हमारा विश्वास भी रुप बदलता है और वह हमारे आत्मविश्वास में बदल जाता है। केवल फल का स्वप्न देखने से फल खाने नहीं मिलेगा। पूरे धैर्य के साथ सही मौसम का इंतजार, संपूर्ण समर्पण की सुरक्षा के साथ वृक्ष की रखवाली और बड़ी सफलता रुपी फल का स्वाद पाने के लिए छोटे–छोटे लाभों को त्यागने की भावना में हमारी ईमानदारी का परिमाण सफलता के फल की मिठास की गुणवत्ता तय करेगा।

किसी भी विचार का जन्म लेना कोई महत्वपूर्ण बात नहीं। इसी प्रकार किसी विचार को व्यक्त करना भी कोई महत्वपूर्ण बात नहीं है। किसी भी विचार के व्यक्त होने के बाद, उस विचार का उचित जानकार व्यक्ति द्वारा सही या गलत के लिए परखा जाना अति आवश्यक है। यदि आपका विचार सही है और बहुत सुंदर है तो भी इसमें कुछ विशेष नहीं है क्योंकि, हमें विचार और सफलता के मध्य उपस्थित 'प्रयत्न' और 'कार्य करने की निरंतरता', इन दो विशाल पर्वतों के पार जाना होता है। जो प्रयत्न तथा कार्य करने का जोखिम उठाने की तैयारी कर लेते हैं, वे अपनी सफलता की ओर चलना आरंभ कर देते हैं।

आपको यह जानकर आश्चर्य होगा कि, मनुष्यों के एक बहुत बड़े समूह में एक विशेष गुण विद्यमान (उपस्थित) होता है कि, वे स्वयं अपनी सफलता के मार्ग में बाधा बनकर खड़े रहते हैं। उनके शब्दों में सामान्यता को स्वीकार करने की झलकियाँ प्रचूरता में पायी जाती है। जैसे – मैं यह नहीं कर सकता, लोग क्या सोचेंगे, माता–पिता को अच्छा नहीं लगेगा, क्या मेरे लिए यह संभव है, इत्यादि। ऐसे लोगों को स्वयं पर ही भरोसा नहीं होता और वे हर प्रयत्न को अधूरे या घबराये हुए मन से करते हैं। जिससे कि उनकी प्रस्तुति श्रेष्ठता को प्राप्त नहीं कर पाती और वे सामान्य ही बने रहते हैं। इसलिए, इस प्रकार के लोग अपनी बाल्यावस्था खेल-खेल में गवाँ देते हैं, युवावस्था विचारों में और प्रौढ़ावस्था में उन्हें 'सफलता' शब्द की अनुभूति या स्वप्न नजर आता है। इसके बाद वे पछतावे, छटपटाहट, चिड़चिड़ेपन और गुस्से के माध्यम से अपने समय की बर्बादी का दुःख प्रकट करने लगते हैं।

सदा याद रखिए : "प्रयत्न एक सुवचन है और हाथ में लिये गये कार्य को पूर्ण करने की प्रवृत्ती सुखद भविष्य की कुंजी (चाबी) है।"

रिचर्ड डेवोस ने कहा था, "आपका किसी दौड़ प्रतियोगिता को जीतना असंभव है, जब तक आप दौड़ने का जोखिम नहीं उठाते या दौड़ने का कार्य नहीं करते। जब तक

आप लड़ने का साहस नहीं करते, आपका विजय को प्राप्त करना असंभव है।'' दूसरे शब्दों में, ***प्रत्यन करते रहना अपने आप में सफलता का आश्वासन होता है।***

सामान्यता और निष्क्रियता में अंतर होता है। किन्तु, यह अंतर बहुत बड़ा नहीं होता। निष्क्रिय व्यक्ति आलस्य का शिकार होता है और दुनिया से तीरस्कार (उपेक्षा) पाता है। सामान्य व्यक्ति कम आलसी या जोखिम उठाने के गुण में कम साहसी होता है और वह सामान्यता को स्वीकार कर, जोखिमों से दूर जीवन जीने में विश्वास रखता है। निष्क्रियता उत्साह और प्रसन्नता से दूर रखती है, तो सामान्यता विशिष्ट उत्सवों से दूर रखती है। निष्क्रिय व्यक्ति को किसी की आवश्यकता नहीं होती, सामान्य व्यक्ति को अपने कार्य सफल बनाने के लिए कई बार विशेष पहचान वाले व्यक्ति (जैसे : नेता, बड़े ऑफिसर, मंत्री या सांसद) की सहायता लेनी होती है और यह विशेष पहचान वाले व्यक्ति अपने क्षेत्र के सफल व्यक्ति होते हैं। इस कटु सत्य को समझ लेने पर आपको सफलता से स्नेह होना अनिवार्य है और सफलता की ओर आपको ले जाने का हमारा यह प्रयत्न कुछ हद तक सफल होता है।

हमें अच्छे शब्द कुछ समय के लिए अच्छा स्थान दिला सकते हैं, लेकिन, हमारे द्वारा किये गये अच्छे कार्य, अच्छे कार्यों के लिए किये गये हमारे प्रयत्न, हमारा परिचय स्थापित करते हैं और इन कार्यों में हमारी सफलता हमें प्रसिद्धि प्रदान करती है। इसलिए, शब्दों की बाजीगरी की उम्र कम होती है। प्रयत्नों तथा कार्यों की मेहनत तथा सफलता लोगों के मन में एक अमिट छाप छोड़ जाती है। हम सोच सकते हैं, स्वप्न देख सकते हैं या अपने संपूर्ण भविष्य की सुंदर कल्पना कर सकते हैं। किन्तु, हमारा भविष्य केवल तभी सुंदर हो सकता है, जब हम प्रयत्न करने से न घबराएें, कार्य को पूर्ण करने में आने वाली बाधाओं को निरंतर पार करते रहने के लिए प्रतिज्ञाबद्ध हो जाएँ।

क्या आप जानते हैं कि, क्यों एक बड़ा मानव समुदाय सामान्य जीवन व्यतित करता है?

जिनमें अपनी पहली असफलता से नजरें मिलाकर दोबारा प्रयत्न करने का साहस नहीं होता, वे सफलता की दौड़ से स्वयं को बाहर कर लेते हैं और सामान्यता की भीड़ में शामिल हो जाते हैं। इसलिए, जब हम विशेष उपलब्धियाँ प्राप्त व्यक्तियों की सूचि देखते हैं, तो कुछ गिने–चुने नाम ही नजर आते हैं क्योंकि, अधिकांश जन परिश्रमी कार्य के संपूर्ण होने तक स्वयं ही उस कार्य से इस्तीफा देकर सामान्यता को अपना चुके होते हैं।

प्रसिद्ध अब्राहम लिंकन ने कहा है, ''बड़ा प्रश्न यह नहीं है कि, आप कहाँ असफल हुए, बल्कि, यह है कि, आप कहाँ अपनी असफलता के साथ संतुष्ट हो गये।''

यहाँ एक रोमांचक तथ्य इस प्रकार है :

"हर असफलता अपने भीतर सफलता का एक बीज छुपाये होती है।"

असफलता के साथ कभी भी समझौता मत करो। इसके विपरीत, अपनी हर असफलता का ध्यानपूर्वक अध्ययन करो और उसमें छुपी अपनी सफलता को खोज निकालो। पुनः प्रयत्न करने का साहस अपने भीतर सदा जीवित रखो।

प्रयत्न और साहस के बाद असफलता से सफलता के बीच के फासले को तय करने में होने वाली साधारण–सी गलतियों में सुधार को अंकित करने हेतु कुछ पंक्तियाँ निम्न प्रकार से प्रस्तुत हैं :

मंद हो चुकी, सुस्त हो चुकी
चाल में ला दे तू उछाल,
अपनी प्रतिभा की तलवार को
म्यान से अब तू निकाल।

हर प्रयत्न, हर संघर्ष की
तस्वीर आँखों में ले तू उतार,
अगले पल बस ये जीत हार है
अपना कल ले तू संवार।

मंद हो चुकी

असफलता फिर चोट एक है
सफलता दिलाएगी सम्मान,
जब दो पग की दूरी पर यह है
तो अब बन जा तू भी महान।

अर्थ : यदि किसी असफलता ने हमारी सोच को जकड़कर हमारी सफलता की तरफ बढने वाली चाल को कम कर दिया है, तो इस जकड़ से स्वयं को छुड़ाने के लिए, स्वयं में एक नये उत्साह का प्रवाह करो। स्वयं को निर्देश दो कि, आप सफलता के लिए बने हो। एक बार फिर अपनी प्रतिभा को पहले से बेहतर करने के प्रयास में जुट जाओ। असफलता के पहले की तैयारियों को ध्यान में रखते हुए, अपनी तैयारियों में जो कमियाँ शेष थीं, उन कमियों को अपने अभ्यास से खत्म कर देने का प्रयास करो। अब यदि हमने पहले से बेहतर तैयारी की हैं, तो सफलता की संभावनाएँ पहले से कहीं अधिक हैं। इसलिए, पूरी एकाग्रता और पूरे मन से सफलता हासिल करने का प्रयत्न करो। असफलताएँ चोट के समान हैं, जिनके घाव तो समय के साथ भर जाते हैं। किन्तु, निशान रह जाते हैं। इन निशानों को मिटाने या भुला देने का केवल एक ही उपाय है, सफल होना। कभी–कभी हम गोता लगाकर सीप तक तो पहुँच जाते हैं।

लेकिन, एकबार सींप को खोलने का प्रयत्न किये बिना ही ऊपर आ जाते हैं और फिर जीवन भर सोचते हैं। काश! उस दिन सीप को खोल लिया होता, तो मेरे पास भी मोती होता।

हम इस बात को कभी भी नकार नहीं सकते कि, हर व्यक्ति में कोई न कोई प्रतिभा अवश्य होती है। अपने अंदर छुपी किसी भी प्रतिभा को न पहचानना या पहचान कर उसके प्रति उदासीनता ही हमारे पीछड़ेपन की निशानी होती है। इस छुपी हुई प्रतिभा को पहचान कर इसे निखार कर प्रदर्शनों के मार्ग से सर्वश्रेष्ठ प्रदर्शन तक ले जाना ही सफलता की प्राप्ति का उचित मार्ग है।

आप में चाहे जिस प्रकार की भी प्रतिभा हो। उस प्रतिभा के प्रदर्शन का सामर्थ्य करना पहला कदम है। इस प्रदर्शन ने यदि आपको असफलता का सामना करा दिया, तो इससे निराश होकर बैठ जाने की जरुरत नहीं है। बल्कि, यह सोच लिजिए कि, आपको अपनी असफलता का सामना करने का अवसर प्राप्त हुआ है और आप इस असफलता में छुपी हुई अपनी सफलता के मार्ग को खोजे बिना विश्राम नहीं करेंगे। यह विचार और आपके प्रयत्न आपको सफलता की प्रथम सीढ़ी पर ऊपर की तरफ ले जायेंगे।

प्रोत्साहन से प्रयत्नों को एक नई ऊर्जा प्राप्त होती है। अब हम यहाँ सामान्यतः हर व्यक्ति के मन में बसा हुआ एक भ्रम (मिथ) तोड़ने जा रहे हैं। हर कोई सोचता है कि, उसे प्रोत्साहन दूसरों से प्राप्त होना चाहिए और उसकी मात्रा तथा शुद्धता दोनों ही अधिकाधिक होनी चाहिए। है ना यह सत्य बात! किन्तु, यह एक मिथ है। आप जिस भी प्रतिभा को अपने अंदर पाते हैं, उसका सबसे पहला प्रदर्शन आप अपने लिए करते हैं। और इस प्रदर्शन के सबसे पहले श्रोता आप स्वयं ही होते हैं, तो सबसे पहले आपको अपने आपको प्रोत्साहित करना आना चाहिए। यदि आप स्वयं को प्रोत्साहित और प्रेरित नहीं कर पाते हैं, तो मान लिजिए कि, आपने स्वयं अपनी प्रतिभा को

असहाय और दयनीय स्थिती में छोड़ दिया है और उम्मीद कर रहे हैं कि, इस प्रतिभा को दूसरों से सम्मान प्राप्त हो। यह कितना उचित है?

अतः सबसे पहले आपको स्वयं को प्रोत्साहित तथा प्रेरित करना सीखना ही होगा। अन्यथा आपकी दूसरों से प्रोत्साहन प्राप्त करने की कल्पना और उम्मीद व्यर्थ है।

मैं और मेरी प्रतिभा, अक्सर ये बातें करते हैं,
अगर, मैनें तुम्हें पहचान लिया होता।
तो कैसा होता?
अगर, मैनें तुम्हें निखार लिया होता।
तो वैसा होता।
लोगों के सामने हम प्रदर्शन करते,
तालियों से हमारा भी स्वागत होता।
मैं और मेरी प्रतिभा, अक्सर ये बातें करते हैं,

ये शामें हैं, कि बोझल हुई जा रही है,
और रातें हैं, कि मुझे नींद नहीं आ रही है।
तुम्हें संवारने में जो नहीं लगाये लम्हें,
ये जिन्दगी अब मुझको सता रही है।

मैं और मेरी प्रतिभा

मेरी जुबान दूसरों की तारीफें फर्माती है,
मेरे कानों से एक चुभन मन में उतर जाती है।
सोचता हूँ, मैं जो खुद को प्रोत्साहित कर लेता,
गुमनामी के अंधेरे से काश खुद को निकाल लेता।
मैं और मेरी प्रतिभा, अक्सर ये बातें करते हैं,

मगर यह हो न सका,
मगर यह हो न सका और अब यह आलम है।
कि, मैं नहीं, मेरा कोई वजूद नहीं
बस कट रही है जिन्दगी जैसे
इसे किसी और प्रोत्साहन की उम्मीद भी नहीं।
मैं और मेरी प्रतिभा, अक्सर ये बातें करते हैं।

एक बहुत ही बुरी आदत से हमें स्वयं को बचाना सीखना अत्यंत आवश्यक है। वह बुरी आदत है, अपनी कमियों, खामियों को छुपाने की, हमारी पुरानी आदत। यदि एक बालक तुतलाकर, हकलाकर या अटक–अटक कर बोलता है और वह अपनी इस कमजोरी को छुपाने के लिए बोलना बहुत कम कर दे या दूसरों के सामने आने से कतराने लगे, तो उसके भविष्य की कल्पना करना ज्यादा कठिन कार्य नहीं है। लेकिन, यदि वह ध्यान पूर्वक अपनी कमी को दूर करने के प्रयत्न में सही बोलने के प्रयोग को दोहराता रहे, तो हो सकता है कि, वह भविष्य में अच्छा बोलने लग जाये। नहीं तो कम से कम वह दूसरों के सामने खुद को प्रस्तुत करने की कला में तो माहिर हो ही जाएगा। और यह प्रयत्न करने की आदत किसी भी क्षेत्र में उसके लिए सहायक सिद्ध होगी। अतः स्वयं के सामर्थ्य को जानो, अपनी कमियों को मत नकारों, इन कमियों की क्षतिपूर्ति का प्रयत्न करने की बजाय, इन्हें जड़ से समाप्त करने की तैयारी करो। हो सकता है, आरंभ में आपके परिजन, मित्र, सहपाठी, अध्यापक या अन्य कई लोग इन प्रयत्नों का उपहास करें। आपको इस उपहास से क्रोध को नहीं पाना है। बल्कि, इस उपहास से स्वयं को निकालना है। अर्थात् अपने प्रयत्नों की संख्या बढ़ाते रहना है। यह प्रयोग तब तक करते रहना है, जब तक की सामने वाला आपका उपहास करते–करते बोर न हो जाये या आप अपनी कमियों से स्वयं को उबार न लें।

एक अत्यंत महत्वपूर्ण बात यहाँ यह है कि, स्वयं की उत्कृष्टता (श्रेष्ठता) का मार्ग हमको कभी भी खुली आँखों से नजर नहीं आता। इस मार्ग के ज्ञान के लिए हमें

स्वयं के भीतर आँखें बंद करके देखना होता है। तब हम स्वयं का परिचय प्राप्त कर पाते हैं और अपनी विशेषताओं को अंकित कर पाते हैं।

एक बहुत ही सरल उपाय हमें जीवन में कई बार भ्रमित करने का प्रयास करता है। जिससे सदा ही सावधान रहना अनिवार्य है। यह सरल उपाय है 'नकल' या 'छल' का। आप किसी की नकल करो या किसी के साथ आप छल करो, यह सामन्यतः मजाक के दायरे में आता है। किन्तु, यदि यह प्रवृत्ति हमारे जीवन में उतर जाये, तो मान लिजिए कि, हमने स्वयं के भविष्य को अंधकार में ले जाने का मार्ग चुन लिया है। आरंभिक उपलब्धियाँ हमें रोमांचित कर सकती हैं। हमारी महत्वाकांक्षाओं को अच्छी तरह पूर्ण करती हुई नजर आ सकती हैं। किन्तु, इस मार्ग का मध्यान्ह बुरा और अंत बहुत ही दुःखद होता है। इसलिए, इस मार्ग को कभी भी न स्वीकारें।

यदि हम जीवन में सफलता पाने के लिए नकल का प्रयोग करें, तो कुछ समय के लिए हमें उपलब्धियाँ प्राप्त हो भी सकती है, किन्तु, हमारे स्वर्णिम काल की उम्र बहुत ही छोटी और इसके बाद का समय बहुत ही परिश्रम भरा होगा। अब चूँकि, हमने परिश्रम से मुँह चुराना सीख लिया है, तब थोड़ा–सा परिश्रम भी हमें जल्द ही थका देता है। अतः किसी भी परिश्रमी व्यक्ति द्वारा आपको पराजित करना तथा उसका आपसे आगे निकल जाना, स्वयं आपने उसके लिए आसान कर दिया है।

सच्ची मेहनत से प्राप्त की गयी सफलता में ही सच्ची उपलब्धि है और यह उपलब्धियाँ आपके मेहनत करने की कला को संवारने का कार्य करती हैं जिससे की आप जीवन में किसी भी मुकाम पर अपने प्रतिद्वंदी को स्वयं से आगे जाने के लिए न केवल रोक सकते हैं, अपितु किसी भी प्रकार की प्रतियोगिता में जीत हासिल कर सकते हैं।

एक अच्छे उद्देश्य के ध्येय से राल्फ वाल्डो एमरसन ने कहा था, "हमारे सामने और हमारे पीछे क्या असत्य है, यह एक सूक्ष्म तथ्य है। तुलनानुसार हमारे अंतःकरण में क्या असत्य है।"

एक ज्ञानपूर्ण तथ्य यह है कि, हमें जीवन में सदैव ही सावधानियों और चेतावनियों को समझना चाहिए और भ्रमित मार्ग पर अपने कदमों को आगे बढ़ने से रोकना चाहिए।

प्रत्येक व्यक्ति उसी अनुपात में सफलता या असफलता का भागीदार होगा, जिस अनुपात में वह नकल से स्वयं को दूर रखेगा दूसरों के गुणगान की बजाय स्वयं के गुणों को विकसित करने का प्रयत्न करेगा। **सफलता कभी चल कर नहीं आती, उसे प्राप्त करने के लिए हमें उस तक पहुँचना होता है।**

क्या आप जानते हैं कि, इस दुनिया की एक विशेषता यह है कि, यह हर नये प्रयोग, हर नई बात को नकार देती है, उसका उपहास करती है, उसकी अवहेलना करती है, उसे विकसित होने से रोकती है; उसके लिए हर पल नई परेशानीयाँ खड़ी करती है। यदि नहीं जानते हैं, तो इस बात को अच्छी तरह से जान लिजिए। अब जीवन के दूसरे पहलू को भी समझिये कि, किसी भी कार्य के लिए इस दुनिया में जगह मौजूद है, किसी भी नये प्रयोग के लिए यह दुनिया तैयार है। यदि आप में उपहास, अवहेलना और नकारात्मकता से लड़ने का हौसला उपलब्ध है, यदि आप अकेले अपने आप को सिद्ध करने के लिए पूरी तरह तैयार हैं। तब आपके तथ्य की सिद्धी की राह में यह दुनिया आपके आगे घुटने टेकेगी और जिस दिन आप स्वयं को सिद्ध कर देंगे, उस दिन से यही दुनिया आपको प्रसिद्ध करने का कार्य दिन-रात बिना किसी मेहनताने (फीस) के करने लगेगी।

एक विशेष सलाह, जो उत्कृष्टता की तरफ इशारा करते हुए एक महान लेखन ने दी है, *"वह व्यक्ति जिसके पास दुनिया को देने के लिए कुछ नया है और मूल्यवान है वह सुना जाएगा और उसका अनुसरण किया जाएगा।"*

हम में यदि उत्साह और जुनून के अंश उपलब्ध है, तो इन्हें परिश्रम का पोषण देना अनिवार्य है, प्रोत्साहन की उपलब्धता पर विचार ना करते हुए। हमारे उत्साह को कम करने या खत्म करने के लिए हमें किसी भी प्रकार के परिश्रम की कोई आवश्यकता नहीं होती। यह उस लोहे के समान है, जिसे बहुत ही तेजी से जंग लग जाता है। केवल कुछ समय के लिए इसे निष्क्रिय अवस्था में छोड़ दिजिए। इसके बाद जब भी हमारा उत्साह हमारे समक्ष आता है, इसकी प्रतिक्रिया, तीव्रता में हमें कमी नजर आती है। उदाहरण के लिए, यदि आपके घर में आपके भाई या बहन की शादी का उत्सव हो, तब आपका उत्साहित होना या अतिउत्साहित होना ठीक है। अब यदि किसी भी कारण से इस उत्साह के प्रवाह में कोई आपका अपना बाधक बन जाये और आपके उत्साह के वेग को कम या खत्म कर दे, तो अगली बार घर की किसी भी शादी के उत्सव में हम पहले की तरह उत्साहित नहीं रह सकते। शायद यह सच ही है!

उत्साह की निष्क्रियता की दिशा में अग्रसर होने के कारणों में प्रोत्साहन की कमी या उपेक्षीता के प्रति हमारे ध्यानाकर्षण की गति प्रमुख है। अर्थात् अगर हमें अपने उत्साहित कार्यों के लिए उचित प्रशंसा नहीं मिलती या हमारे द्वारा किये गये कार्यों का श्रेय किसी अन्य को दे दिया जाता है, तो भी हमारा उत्साह कम हो जाता है। अब यदि हमें दूसरों की उपेक्षीता या तीरस्कार पर विचार करना आता है, तो मान लिजिए कि, हमें अपने उत्साह को जुनून में परिवर्तित करना कभी भी नहीं आ पायेगा।

अब एक प्रमुख और विशेष सत्य यह है कि, अतिउत्साह की दिशा और परिणाम अधिकांशतः निराशाजनक होते है क्योंकि, समझ की तराजू में हम वास्तविकता से परे अपनी बात को सिद्ध करने की जिद का वजन बढ़ाते चले जाते हैं और सही गलत के फर्क को तेजी से कम करते जाते हैं जिससे की परिस्थितियों पर विजय पाकर भी

अंततः हम स्वयं को हारा हुआ पाते हैं। जैसे कि यदि किसी बालक ने कभी किसी सर्पमित्र को साँप पकड़ते देखा और भविष्य में किसी सर्प के नजर आने पर अतिउत्साह पूर्वक उसी प्रयोग को स्वयं दोहराने के मूर्खता पूर्ण जूनून को अंजाम देने का प्रयत्न किया हो। यदि बिना अभ्यास और सर्प के विषय में जानकारी के अभाव में ऐसा किया जाये, तो साँप द्वारा डस लिया जाना आश्चर्यजनक नहीं होगा। किन्तु, इस कार्य की सफलता इस बालक को बिना अभ्यास प्रयोग करने के लिए अर्थात् सुगमता की ओर प्रेरित कर देगी और बिना अभ्यास के प्रयोग कितनी बा़र सफल हो सकते हैं, इसका अंदाज़ा हम सभी आसानी से लगा सकते हैं।

हम एक बार सफल हो सकते है किन्तु, सफलता को प्राप्त करने के लिए हर प्रदर्शन सही और सटीक (त्रुटिहीन) होना आवश्यक है। एक बार या कभी–कभी सफल हो जाना सामान्यता तक सीमित कर देता है किन्तु, ***स्थायी सफलता के लिए सदैव परिश्रम और कठिन परिश्रम की ही आवश्यकता होती है।***

इस संदर्भ में जार्ज वाशिंगटन ने बहुत ही मनोहारी कथन प्रस्तुत किया है, "एक विजेता कठिन परिश्रम करता है सफलता को प्राप्त करने के लिए, एक हारनेवाला कड़ी मेहनत करता है सफलता के लिए सुगम मार्ग की खोज में।" सरल शब्दों में, ***ध्यान के केन्द्र में लक्ष्य, निरंतर अभ्यास और केवल कठिन परिश्रम आपको सर्वश्रेष्ठता प्रदान कर सकते हैं।***

कभी भी स्वयं का आकलन असहाय, असफल या निष्क्रिय श्रेणी में न होने देने के लिए, ली गयी प्रतिज्ञा ही हमें श्रेष्ठता के मार्ग पर सफलता की तरफ खींचने का कार्य करती है। अतः हमें स्वयं से एक वादा कर लेना चाहिए कि, हम किसी भी परिस्थिति में स्वयं को असहाय, असफल या निष्क्रिय नहीं मानेंगे। हमें सामान्यता का बहिष्कार करना सीखना ही होगा अन्यथा विशेषता का स्थान दूसरों के लिए सुसज्जित करना हमारे लिए उचित कार्य होगा।

सफलता मुझसे पहले भी
लोगों ने पायी है।
और मेरे बाद भी
इसे पाने वाले आऐंगे।
क्या मैं इन दोनों को
देखने के लिए ही
इस जन्म में जन्मा हूँ?

इस श्रृंगार का लोभ
सदा ही मुझे सताता है।
किन्तु, इसको पाने का साहस
विचलित होता जाता है।
अपनी एकाग्रता के गुम हो जाने में,
मैं ही तो सहायक हूँ।
बस इस कारण से ही तो मैं,
कहाँ नायक बनने के लायक हूँ।

पानी के जिस अंश को
जुड़ना न आ सका,
वह नदियों का,
समुंदर का मार्ग न पा सका।
एक हवा के झौंके ने
या धूप ने उसे सुखा दिया,
आसमान से आने का सफर
उसने व्यर्थ ही गवाँ दिया।

अर्थ : हमसे पहले भी कई लोग सफल हुए हैं और हमारे बाद भी बहुत से लोग सफलता को प्राप्त करेंगे, तो हम क्या केवल सफल लोगों को जानने के लिए इस दुनिया में आये हैं। क्या हम स्वयं किसी भी क्षेत्र में अद्वितीय सफलता के लायक नहीं हैं?

सफलता का लालच सभी के मन में होता है। अधिकतर लोग मेहनत करके सफल होते भी हैं। किन्तु, उनका लक्ष्य ही छोटा या सामान्यता के दायरे से बाहर का नहीं होता। इसलिए, उनकी सफलता एक समूह तक सीमित रह जाती है। उन्होंने कभी बड़ा लक्ष्य सोचा ही नहीं था या सोचकर, जानकर पहले ही मान लिया कि, वे किसी बड़े लक्ष्य के लायक नहीं हैं। उन्होंने स्वयं को सामान्य बन जाने के लिए सहायता की थी। बस, इसी कारण आज वे नायक नहीं बन पाये।

जिस व्यक्ति ने अपनी प्रतिभा की बूँदों को अभ्यास और प्रयत्नों से जोड़–जोड़कर धाराओं में परिवर्तीत नहीं किया उसने प्रशंसाओं की नदियों को नहीं जाना, वह तालियों और सीटियों के समुंदर तक कभी नहीं पहुँच पाया। एक असफलता के झौंके ने ही उसे सामान्यता की दलदल में खींच लिया और वह एक सामान्य व्यक्ति की तरह ही दुनिया से चला गया। शायद, उसका पूरा जीवन व्यर्थ हो गया।

3. नई सोच की कटुता व नये मार्ग की दिशा

अपना मार्ग चुनना, चलना, तय करना और मंजिल पर पहुँचना हमें हमारे सभी शुभचिंतक सिखाते हैं। किन्तु, मार्ग हमें ही चुनना होता है, स्वयं चलना होता है, दूरियाँ स्वयं ही तय करनी होती हैं और हमारे मंजिल पाने का आनंद हमारे साथ हमारे सभी हितेशी उठाते हैं। यदि मंजिल की ऊँचाई पर हमारे साथ आनंद उठाने वाले हमारे हितेशी नहीं हैं, तो हमारे नीचे गिरने की संभावनाएँ अधिकतम हैं।

संतुलन की कला में अभ्यस्त होना अच्छे व्यक्तित्व और जीवन में उपलब्धियों के संग्रहण (एकत्रित करना) के लिए अति महत्वपूर्ण है। संतुलन का अभ्यास करके यदि एक बालक या बालिका ऊँचाई पर बांधी गयी रस्सी पर चल सकते हैं, तो यह संदेश है कठिनाइयों में संतुलन बनाये रखने का। यदि अंत तक संतुलन नहीं बिगड़ता है, तो दूसरी तरफ प्रशंसा तथा प्रशंसक आपके इंतजार में हैं।

प्रकृति की हम पर असीम कृपा है, उसने हमें किसी भी पाबंदी या सीमा में बांधकर नहीं रखा है। सभी को एक जैसा बनाया है। अब अंतर हमारे विचारों का है। जो देख नहीं सकता (अंधा), उसे स्मरण शक्ति या याद्दाश्त का वरदान मिल जाता है। जो चल नहीं सकता (लंगड़ा), उसके विचारों की गति तेज हो जाती है। जिसे बोलना नहीं आता (गूंगा), उसकी लेखनी समृद्ध हो जाती है। यदि व्यक्ति निरंतर प्रयास और अभ्यास करता रहे, तो एक कमी दूसरी खूबी को बढ़ाने में सहायक हो जाती है। रोना सबसे आसान और परिश्रम रहित कार्य है। जिसने परिश्रम की राह पर पसीना ही नहीं बहाया, वह अपने रक्त की एक भी बूँद इस मार्ग को समर्पित नहीं कर सकता और प्रसिद्धि, सफलता, प्रशंसा इनमें से किसी को भी पाने के लिए केवल पसीना नहीं रक्त की कई बूँदें समर्पित करनी होती हैं। जिस खिलाड़ी को चोटों का अनुभव नहीं, गंभीर चोटों से निपटने का ज्ञान नहीं वह खिलाड़ी कभी भी अपने बेहतरीन प्रदर्शन के लिए पूरी तरह तैयार नहीं होता।

यदि हम तैयारी के साथ किसी भी चुनौती के लिए परखे जाते हैं तब प्रत्येक विफलता, पराजय या हार हमारे जीवन में अपनी एक अमिट छाप छोड़ देती है। अब यह मान लेना कि, हमारी तैयारियाँ कम थी या हमें हरा देने वाले की तैयारी हमसे बेहतर थी, कोई गलत बात नहीं है। इस विफलता को अपनी कमजोरी मत बन जाने दो। प्रत्येक गलती में सुधार की संभावनाएँ मौजूद होती हैं। बस सुधार की उम्मीद तथा सही अवसर के लिए अपनी पूर्ण तैयारी का जारी रहना अनिवार्य पहलू है। अवसर आने पर अपनी पूर्ण तैयारी के साथ चुनौती का सामना करना और सर्वश्रेष्ठ होने का प्रयत्न करना ही हमें दूसरों की तुलना में असामान्य बना सकता है।

मनोबल सबसे शक्तिशाली बल है, इस दुनिया में। यही वह शक्ति है जो हमें किसी भी असफलता के बाद स्वयं को सिद्ध करने के लिए पुनः प्रेरित करती है। मनोबल के बीज शायद जन्म से ही हमारे भीतर होते हैं। फिर परिस्थितियाँ, माता-पिता, सगे-संबंधी, मित्र और गुरुजन इस बीज को अपनी-अपनी तरह से ज्ञान, स्नेह, अच्छे-बुरे के अंतर द्वारा अंकुरित होने में सहायता प्रदान करते हैं। किन्तु, इस बीज के पेड़ बनने का सबसे अधिक श्रेय केवल और केवल हमें ही जाता है। हम यदि इसे परिस्थितियों के आगे सदा ही झुकने पर विवश करते रहे, तो इसे झुकने की आदत पड़ जाएगी और विषम परिस्थितियाँ हमारे लिए भयावह हो जाएगी। किन्तु, यदि हमने मनोबल को न झुकने की सीख दी है, तो यह हर परिस्थिति से हमें बाहर निकाल लेने में हमारी पूर्ण सहायता करेगा। दूसरे शब्दों में, यदि हम साफ-साफ इस बात को कहें, तो मनोबल संपूर्ण जीवन में कभी भी हमें आत्महत्या के जघन्य (घोर) पाप से बचाये रखने का एक मात्र उपाय है। पानी में डूबते वक्त हमारी सांसें रुक सकती है। किन्तु, मन और मस्तिष्क सांसें रुकने के बाद भी कुछ समय के लिए कार्य करने में सक्षम होते हैं और ये दोनों ही हमारे मनोबल के संचालक हैं। यदि दोनों एक साथ मिलकर कार्य करने लग जायें, तो बंद होती सांसों में भी ऊर्जा प्रवाहित हो सकती है और हम डूबने से बच सकते हैं। यह जानकारी स्वयं मुझे डूबते-डूबते बच जाने के अनुभव से प्राप्त है। मनोबल ही था, जिसने दोबारा पानी में छलांग लगाने के

लिए प्रेरित किया और मैं बहती नदी के पानी में तैरना सीख पाया। यदि मनोबल ही टूट जाता, तो नदी और गहरे पानी से सदा के लिए एक भय मेरे मन में उत्पन्न हो जाता। *मनोबल वास्तव में हमारे जीवन में प्रकृति के दिये हुए सभी बलों में से सबसे विशेष बल है। यह हमें कमजोर नहीं होने देता, हमें बूढ़ा नहीं होने देता, हमें परिस्थितियों की मार से, बिमारी के वार से और दुश्मन की तलवार से मिलने वाली परेशानियों का सामना करना सिखाता है, साथ ही इन परेशानियों पर विजय दिलाने में पूर्णतः सहायक होता है।*

स्वयं की तारीफ करना कभी भी आनंद प्रिय कार्य हो सकता है या दूसरों की तारीफों के पुल बांधना सुंदर लग सकता है। किन्तु, एक कटु सत्य यह है कि, इन सबसे अधिक संतोषजनक और मिठास भरा सुख दूसरों के मुख से अपनी तारीफ सुनना है। यदि हम इस प्यास को तृप्त न होने दें और इसकी तृप्ती के प्रयास निरंतर करते रहें, तो सफलता का फल हम चख भी सकते हैं और इसकी मिठास बरकरार भी रख सकते हैं। हमारे प्रदर्शन को यदि ध्यान पूर्वक देखने वाले लोग मिल जायें, हमारे अभ्यास में यदि सटीकता हो और हम में बेहतरीन प्रदर्शन करने की चाह हो, तो तालियों की गड़-गड़ाहट, सिटीयों की तेज आवाज और एक बड़े जन समूह की खुली पलकें, हम पर टीकी हुई नजरें, दावतों की गुजारीशें और हमारे साथ सेल्फी लेने की कई हसरतें हमारा इंतजार करने लगती हैं क्योंकि, हम इस प्रदर्शन के बाद सामान्य से विशेष बन जाते हैं। सभी समझ जाते हैं कि, हम में सपनों को सच करने की कला है। हमारे द्वारा किये गये त्याग, तपस्या, जप, आदि का एक छोटा-सा नज़ारा हमारे सामने इस प्रकार प्रस्तुत होता है जिसे सफलता के क्षेत्र में हमारा आगमन कहा जाता है। इस क्षेत्र में आने के बाद कठिन परिश्रम करने की आदत ही हमको इस क्षेत्र में बचाये रख सकती है। अन्यथा, 'आलस्य मनुष्य का सबसे बड़ा शत्रु है।' यह पंक्ति अपना अस्तित्व प्रकट करने में देर नहीं लगाती।

यदि हमने केवल तालियाँ ही बजायी हैं, दूसरों के लिए सिटीयों की आवाज तेज की है, बड़ी–बड़ी आँखों से दूसरों की सफलता को निहारा है किन्तु, कभी भी अपनी प्रशंसा पाने का प्रयत्न नहीं किया है और अचानक यह खयाल आ गया कि, यह सारी तारीफें मेरे लिए भी होनी चाहिए, तो हो सकता है कि आप अपना चैन और सुकुन दोनों खो दें। लेकिन, आपके साथ सबसे अच्छी बात यह है कि, आप सही समय पर जाग गये हैं। अभी देर नहीं हुई है।

इसी कथन को प्रदर्शित करती कुछ पंक्तियाँ निम्नप्रकार से प्रस्तुत हैं :

अभी तो दुनिया में

अभी तो दुनिया में कुछ और नया होना बाकी है,
अभी तो नई धुनों पर नई तान छेड़ना बाकी है।

पंक्ति में सबसे पहले का स्थान भरना बाकी है,
उस स्थान पर, मेरा नाम लिखने का काम अभी बाकी है।

छोटी–छोटी परेशानियों का पीछे रह जाना बाकी है,
बड़ी–बड़ी चुनौतियों का मेरे आगे सर झुकाना अभी बाकी है।

अभी तो सीमाओं की सारी लकीरों का मिट जाना बाकी है,
पार खड़ी है जो चुनौतियाँ, उनसे अभी हाथ मिलाना बाकी है।

गाँव–शहर में, राज्य–राष्ट्र में या देश–विदेश में देखो,
मेरे देश के राष्ट्रगान का फिर संगीतमय हो जाना अभी बाकी है।

अभी तो पिक्चर बाकी है दोस्तों!

अर्थ : अभी भी इस दुनिया में बहुत कुछ नया होना बाकी है। जिस तरह हर नया गीतकार नये गीत लिखता है, नया संगीतकार नये गीत बनाता है। कुछ पंक्तियाँ तो अभी तक लगना भी आरंभ नहीं हुई हैं। इसलिए, उन पंक्तियों में पहला स्थान बाकी है और यदि उन पंक्तियों में हम पहले स्थान पर पहुँच सकते हैं, तो उस प्रतियोगिता में पहले स्थान पर हमारा नाम लिखा जाना शेष है। उन प्रतियोगिताओं की छोटी–छोटी बाधाएँ हमारे द्वारा पार करना अभी बाकी है और इनके साथ ही जब हम दृढ़ संकल्प लिये प्रतियोगिता को जीतने निकलेंगे, तो बड़ी–बड़ी कठिनाइयों को पार करते हुए श्रेष्ठ स्थान प्राप्त करेंगे। श्रेष्ठ से सर्वश्रेष्ठ बन जाने पर हमारा नाम गाँवों, शहरों तक सीमित ना रहकर, प्रान्तीय, राष्ट्रीय या अर्न्तराष्ट्रीय स्तर को प्राप्त होता है। अतः अन्तर्राष्ट्रीय स्तर पर हमारे हिन्दुस्तान का राष्ट्रगीत अभी कई बार सुनाई देना बाकी है।

सपनें देखने में, किसी भी प्रकार के साहस करने या चुनौती को स्वीकार करने की आवश्यकता नहीं होती। किन्तु, किसी महत्वपूर्ण स्वप्न के साकार होने के लिए पहले चुनौती स्वीकार करनी होती है और इस चुनौती को पूरा करने के लिए साहस को बलवान बनाये रखना होता है। स्वप्न को साकार करने के कार्य में बाधाओं का सामना करना, परिश्रम की सीमाओं का दायरा बढ़ाना, परिस्थितियों की चुनौतियों के प्रभाव से बचना, प्रतिद्वंदीयों के साहस या दुःसाहस का अवलोकन करते हुए, अपनी श्रेष्ठता के लिए ध्यान केन्द्रित करना तथा उचित युक्तियों के तहत आगे चलते रहना, समय सीमा की मर्यादा का पालन करना, आदि बहुत से परिवर्तन हमें सहज स्वीकार करने होते हैं। जो इन परिवर्तनों को स्वीकार कर पाने का साहस नहीं जुटा पाते या चुनौतियों के आगे हार मान लेते हैं, वे अपनी विफलता के साथ समझौता कर लेते हैं और इस विफलता को स्वीकार करने की पीड़ा को सहन करने के लिए 'भाग्य' शब्द का प्रयोग करना आरंभ कर देते हैं। *यह शब्द 'भाग्य' अति भयावह है। उनके लिए जिन्होंने अभी चुनौतियों से आँख तक नहीं मिलायी है, जिन्होंने परिश्रम की परिभाषा तक नहीं समझी है, जो यह नहीं जानते की वास्तव में इस 'नकारात्मक शब्द' का प्रयोग मात्र ही हमें सामान्यता के जीवन की चार दिवारों में चुन कर रख देगा और हम*

हर प्रकार के संघर्ष को आधे में ही कहीं छोड़कर अपने इस सुंदर जीवन को असफलता का दास बना देने की बहुत बड़ी गलती कर लेंगे।

कृपया भाग्य नाम की खूंटी को अपने जीवन में कभी भी स्थान प्राप्त मत करने दिजिए। क्योंकि, हमारे आलस, अपूर्णता, साहस की कमी, संघर्ष का सामना न करने की हमारी क्षमता, चुनौतियों का ड़र, परिस्थितियों के सामने हमारी विवशता, ये सभी उस खूंटी पर टंगे हुए साफ नजर आते हैं। अपने आने वाले कल के जीवन का सुंदर स्वप्न देखिए, उस स्वप्न में अपना लक्ष्य खोज लिजिए, उस लक्ष्य के स्वप्न को पूर्ण करने का मार्ग तलाश किजिए, उस मार्ग के अलावा और जो भी मार्ग हों उन्हें जान लिजिए, आगे बढ़िए, प्रत्येक बाधा को पार किजिए, समय सीमा का आंकलन करते रहिए, आगे बढ़ते रहिए, यदि राह भटक जायें तो एकबार पुनः अपने लक्ष्य का स्मरण किजिए, नई राहों की तलाश किजिए, संघर्ष से मत घबराइए, अपने परिश्रम से धाराओं में बहने का हुनर तैयार कर लिजिए, लगातार अपने लक्ष्य की तरफ बहते रहिए, जिस जगह स्वयं को असहाय महसूस करने लगें, उस जगह पर भाग्य को कमजोर कर देने का साहस स्वयं में जगाइए, कठिन परिश्रम की महान शक्ति को याद किजिए और अपने लक्ष्य को प्राप्त कर लेने से स्वयं को वंचित न रखने की प्रतिज्ञा लिजिए। यदि इस प्रक्रिया को अपना सकेंगे, तो जीवन में भाग्य शब्द के अर्थ से आप भली-भाँति परिचित हो जाएँगे। आप जान जाएँगे कि, यह शब्द केवल सामान्यता की दलदल में उतरने की पहली सीढ़ी है और जितनी बार हम 'भाग्य' शब्द का प्रयोग करेंगे, उतने ही गहरे सामान्यता की दलदल में नीचे उतरते जाएँगे। फिर आप भी पूरी तरह तैयार हैं लाखों, करोड़ो की भीड़ में कहीं गुम हो जाने के लिए।

'भाग्य' शब्द को अस्तित्व में लाने वाली प्रथम शक्ति है 'कल'। यदि हमने अपने कार्यों को आने वाले कल की राह दिखाना सीख लिया है या आरंभ कर दिया है, तो मानव समाज के उस बड़े हिस्से का एक छोटा-सा अंश बनने की हमारी तैयारियों का आरंभ हो गया है, जो केवल आने वाले कल में जीता है। जिसे यह पता ही नहीं होता

कि, वह किसका इंतजार कर रहा है या किसलिए इंतजार कर रहा है। उसे तो केवल इंतजार है कि, आने वाला कल सुहाना होगा। भले ही उसने आज कोई भी परिश्रम पूर्ण कार्य न किया हो। भले ही उसने आज किसी भी चुनौती को स्वीकार नहीं किया हो।

क्रिकेट के खेल में एक बल्लेबाज यदि 100 रनों के आंकड़े को पार करना चाहता है, तो उसे चौके और छक्के मारना अति अनिवार्य पहलू है। अन्यथा, ओवरों की सीमा उसे ऐसा करने नहीं देगी और खेल की समाप्ति पर उसके हाथ निराशा अवश्य लगेगी। वह एक अच्छा बल्लेबाज है, उसे इस खेल का बहुत-सा अनुभव प्राप्त है, उसने कठिन अभ्यास से इस खेल प्रतियोगिता में हिस्सा पाया है, इत्यादि सारी बातें मात्र बातें ही बन कर रह जायेंगी। लेकिन, यदि उसके प्रयत्नों से 100 रनों का आंकड़ा पार हो गया तो ...

बस यही बात हमारे जीवन में भी लागू होती है। यदि हम में प्रतिभा है, तो उसका प्रदर्शन आवश्यक है। यदि प्रदर्शन में कमियाँ हैं, तो उसे सुधारना अनिवार्य है। यदि इसमें परिश्रम है या कठिन परिश्रम की आवश्यकता है, तो यह परिश्रम करना उचित है। इस परिश्रम के बाद पुनः प्रदर्शन के लिए स्वयं को तैयार रखना अति महत्वपूर्ण है। आने वाले किसी भी अवसर को गँवाना नहीं है और अब वह केवल आप हैं जिसे अपनी प्रतिष्ठा, अपने सम्मान के पथ पर अपने निर्णायक कदम आगे बढ़ाने होंगे।

याद रखिए : *"कोई भी मार्ग उस राहगीर के लिए लंबा नहीं, जिसने मनोबल को जीता हो, जिसने संघर्ष को जीया हो, जिसने कठिन परिश्रम से हाथ मिलाया हो, जो विचार पूर्वक अपना लक्ष्य पाने का साहस रखता हो।"*

यदि अभी भी आप आलस्य, कल अर्थात् इंतजार और भाग्य के अंधकार से बाहर निकलने का प्रण लें, तो नये दिन के सूरज की अगली किरण आपके लिए ही है। वह सुनहरी रौशनी जो आपके परिश्रम में निखार लेकर आने वाली है, जिसके होने पर आप स्वयं को स्थापित कर लेने के लिए बेकरार हो उठे हैं। उसे भी आपका इंतजार है कि, आप अपने लक्ष्य के सपने के लिए उसकी उपस्थिति में चलना आरंभ कर देगें और हर नई किरण के साथ हर रोज नये कदम बढ़ायेंगे। जब तक कि आप अपने लक्ष्य को पा न लें।

समय सीमा हमसे सदैव ही समय का पाबंद होने का अनुरोध करती है। यह अनुरोध केवल तभी तक करती है, जब तक हम परिश्रम करने के पक्ष में है और निंरतर चलने के लिए तैयार हैं। तब यह हमें अपने अनुसार गति बढ़ाने के आदेश देती है और अवसर प्रदान करती है। हमें हमारी क्षमताओं का आंकलन कर समय के साथ कदम मिलाना होता है। क्योंकि, हमारे संपूर्ण जीवन में सबसे अधिक गति से चलायमान केवल और केवल 'समय' है। जिसे किसी प्रकार की कोई पाबंदी नहीं हैं, वह बिना रुकावट निरंतर चलता रहता है। हम नहीं थे, तब भी वह चला, हम हैं, तब भी वह चल रहा है और हम नहीं होंगे तब भी वह चलता रहेगा। जिसने इस कथन को आत्मसात कर लिया, उसे समय की शक्ति और समय की कमी से प्राप्त होने वाली विवशता का ज्ञान प्राप्त हो जाएगा। इसके साथ ही समय से बैर न करने की समझ भी प्राप्त हो जाएगी। ***अतः व्यर्थ की मित्रता, अर्थहीन क्रिया–कलाप और बेवजह के कार्यों में से स्वयं को शीघ्र–अतिशीघ्र बाहर निकालिये तथा स्वयं से शत्रुता निभाने की बजाय, स्वयं के तथा अपने परिजनों के मित्र बन जाइए।***

हम बहुत ही सुंदर और हृदयस्पर्शी पंक्तियाँ आपके सामने रख रहें हैं जिनमें परिवार का महत्व और मुखिया की उपस्थिति से आपको अवगत कराने का प्रयास हमने किया है :

पन्ने-पन्ने पर कहानियाँ लिखी होती है,
परिवार कहानियों की एक किताब होती है।
हर पन्ने को दूसरे से जोड़ने के लिए,
परिवार में पीन के समान
एक मुखिया की दरकार (जरुरत) होती है।
यह पीन, हर पन्ने में कई बार चुभती है।
किन्तु, इसी चुभन की सकारात्मकता
या नकारात्मकता में
परिवार की जीत या हार छुपती है।

पन्ने-पन्ने पर

परिजन, सगे-संबंधी, मित्र, परिचित या अपरिचित आपके लक्ष्य की राह में सहयोगी भी साबित हो सकते हैं या आपको असहाय अवस्था तक भी पहुँचा सकते हैं। किन्तु, यदि आपकी सकारात्मक शक्ति और लक्ष्य प्राप्ति की प्रतिज्ञा दृढ़ है, तो आपको आगे बढ़ने से कोई नहीं रोक सकता। कई बार हमें अपने परिजनों की बातें चुभती हैं क्योंकि उनका लक्ष्य हर हाल में पूरे परिवार को बांधे रखना और अच्छी तरह से सांसारीक जीवन का परिवहन करना होता है। इन बातों को केवल एक पहलू से देखना और सोचना अनुचित कार्य है। इसलिए, हमें अपने स्वयं की उपलब्धियों के लिए हर स्थिती में सकारात्मक विचार को खोज निकालना बहुत-बहुत आवश्यक है। मित्रों का साथ किसे अच्छा नहीं लगता, पार्टियों में जाना किसे पसंद नहीं, नये-नये व्यंजन चखना किसको बूरा लगता है। किन्तु, जब परिजन संयम सिखाते हैं, तो उनकी बातें हमें चुभती हैं। नहीं मित्रों! यह बातें हमें परिवार से बांधे रखने के लिए उनकी तरफ से की गयी कोशिशें हैं। जिसमें आपकी सहमति उन्हें सफल बनाती है। बस आपको सही और गलत की समझ स्वयं विकसित करनी होती है। जो बात आपको दो कदम आगे ले जाये और आपके लक्ष्य प्राप्ति में सहायक हो, वह सही है। किन्तु, लक्ष्य शब्द की गरिमा को तुच्छता के दायरे में कसने की भूल करना हमारी मूर्खता साबित होती है, जिसका पछतावा समय के आगे निकल जाने पर सभी को होता है। इसलिए, इस

'लक्ष्य' शब्द का सम्मान किजिए और इसकी प्राप्ति की राह में यदि कुछ अस्वीकारणीय है, तो बेशक उसे अस्वीकार किजिए और उचित मार्ग की तरफ अपने कदम आगे बढ़ाइए।

याद रखिए : *हर बात को लक्ष्य पूर्ति का आशय लेकर पूर्ण करने की लत आपको गलत सिद्ध कर देगी और गलत शख्स के लिए सफलता की दौड़ में जगह बना पाना बहुत-बहुत कठिन कार्य होता है।*

भ्रामकता अर्थात् हमारे विचारों का केन्द्र स्थापित न होना, हमारे द्वारा लक्ष्य निर्धारण न किया जाना, हमारे द्वारा कार्यों को उद्देश्यहीनता से करते रहना, हमें अपने जीवन में उपलब्धियों के मार्ग का ज्ञान न होना, अपनी मंजिल का पता ज्ञात न होना। इन में से किसी न किसी स्थिती ने हमें अवश्य अपने वश में किया हुआ है, इसी कारण तो उपलब्धियों से हमारा दूर-दूर तक कोई संबंध नहीं है और जिन्हें हम उपलब्धियों का नाम देते हैं, वे वास्तव में हमारे दिल को समझा लेने के प्रयोजन (उपाय) मात्र हैं। हमारी दूर दृष्टि का विकास अभी तक हुआ ही नहीं। इसका कारण यह है कि, अभी तक किसी ने हमसे दूर दृष्टि के विकास के विषय में चर्चा ही नहीं की। यदि किसी ने चर्चा कर भी ली हो, तो हमने चर्चा में एक नौसीखिये या भविष्य की कठोरता को पूर्णतः न समझते हुए ही भाग लिया और पुनः श्रेष्ठता या सर्वश्रेष्ठ को न समझने की भूल कर दी है।

चलिए, उपरोक्त कथन को हम साधारण शब्दों में समझते हैं। हमने कभी भी स्वयं से यह नहीं पूछा है कि, हमें वास्तव में किस परिचय का स्वामी बनना है, स्वयं के लिए कौन-सा विशेष स्थान चुनना है, किन उपलब्धियों को पाना है और प्राप्त होने वाली उपलब्धियों की सहायता से किस ताज को पहनना है। उदाहरण के लिए यदि श्री सचिन तेंदुलकर क्रिकेट के महान खिलाड़ी अपने परिचय के मार्ग को चुनने में विलंब करते, या कभी-कभी फुटबाल, वालीबॉल या शतरंज के टुर्नामेंट में भी भाग ले

लिया करते, तो क्या जो आज उनका परिचय है, वे उसी सम्मान और आदर के हकदार बन पाते? शायद नहीं! क्योंकि, इस प्रकार अलग-अलग खेलों के लिए कठिन परिश्रम करने के बाद भी सर्वश्रेष्ठता से उनका परिचय नहीं हो पाता और फिर महान होने का तो प्रश्न ही नहीं था। इसलिए, *स्वयं को भ्रम की स्थिती से बचाना और अपने विचारों को एक उद्देश्य के लिए केन्द्रित करना हमें अभी से ही सीखना होगा। अन्यथा, वक्त हमसे आगे निकल जाएगा और हम न चाहते हुए भी समान्य लोगों की भीड़ में स्वयं को चलता हुआ पाएँगे।*

चार विद्यार्थियों की कहानी : चारों छात्र एक ही स्कूल में एक ही कक्षा में पढ़ते थे और एक ही मोहल्ले में रहते थे। उन चारों की पसंद और दिनचर्या अलग-अलग थी। जैसे एक छात्र को खेलना बहुत पसंद था। वह अपने अन्य साथियों के साथ खेलने के लिए स्कूल से आने के तुरंत बाद युनिफार्म बदलकर बाकी के अपने तीनों सहपाठियों या मित्रों को भी बुलाने जाता। उनमें से एक मित्र बिना रुकावट आ जाता था। किन्तु, घर पहुँचकर अपना होमवर्क भी पूरा कर लेता था। दूसरा, कभी-कभी आ जाता था। क्योंकि, वह तबला बजाना सीखने जाता था। तीसरा, आना तो चाहता था। परंतु, उसकी माँ उसे खेलने जाने ही नहीं देती थी। इसलिए, वह उन अन्य मित्रों से खेलकूद के केवल किस्से सुनता था।

सदा खेलने वाला छात्र पढ़ाई में कमजोर था। किन्तु, अपनी खेल प्रतिभा के कौशल की वजह से सभी को प्रिय था। घर जाकर अपना होमवर्क करने वाला छात्र अच्छे नंबरों से पास होता था। तबला सीखने वाले छात्र में एकाग्रता की कोई कमी न थी। इसलिए, वह तबला तथा अध्ययन दोनों में ही इस गुण का बखुबी उपयोग कर लेता था और दोनों ही क्षेत्रों में प्रशंसनीय स्थान बनाये हुए था। कभी खेलने न आने वाला छात्र पूरी कक्षा में सबसे अधिक नंबरों से पास होने वाला छात्र था।

इन छात्रों में से आगे चलकर पहले छात्र ने क्रिकेट के खेल में बहुत नाम कमाया, दूसरे छात्र ने समाज कार्यों में सहभागी होकर, समाज के लिए नये आयाम रचे तथा स्वयं को अपने प्रदेश में एक अच्छा मंत्री साबित किया। तीसरे छात्र ने अपने तबला वादन की प्रतिभा के बल पर शहर में संगीत महाविद्यालय की स्थापना करवाई और चौथा विद्यार्थी जो पढ़ने में होनहार था, वह अंतरिक्ष वैज्ञानिक बना और उसने नये ग्रह की खोज की।

हमें इस प्रकार के परिचयों में से एक के लिए अपने उद्देश्य निर्धारित करना चाहिए और स्वयं को सामान्य से अलग स्थापित करने के लक्ष्य पर अपनी संपूर्ण शक्ति लगा देनी चाहिए।

अमेरिकन लेखक, पत्रकार और प्राध्यापक नेपोलियन हील द्वारा उद्देश्य निर्धारित करने के लिए चार महत्वपूर्ण सिद्धांत दिये गये हैं, वे निम्न प्रकार से हैं :

पहला सिद्धांत – आप अपने जीवन से सबसे अधिक क्या चाहते हो, इस वचन को स्पष्ट और संक्षिप्त में लिखो।

यह किसी निश्चित स्तर पर पहुँचना हो सकता है, पदोन्नत होकर किसी उच्च पद को पाने की आपकी कल्पना हो सकती है, एक अभिलाषित बिक्री की मात्रा या दलाली की आय का सृजन, पर्याप्त व्यवसाय पूंजी प्राप्त करना या सफलतापूर्वक अपनी कम्पनी के लोगों से बात करना हो सकता है।

दूसरा सिद्धांत – अपनी इस मुख्य योजना को प्राप्त करने के लिए एक रुपरेखा विकसित किजिए।

यह योजना सीढ़ीनुमा शैली में हर अगले कदम को अंकित कर सकने के लिए पूर्णतः विस्तृत होनी चाहिए। यदि यह संक्षिप्त हो भी तो सभी मुख्य मुद्दों पर अधिक अपेक्षित ध्यान दिया जाना चाहिए।

तीसरा सिद्धांत – अपने लक्ष्य को पाने के लिए एक निश्चित समय तालिका निर्धारित किजिए।

याद रखिए : लक्ष्य को पाने की जल्दी में किसी भी शार्टकट अर्थात् आसान किन्तु अनुचित मार्ग को न अपनायें। आपकी योजना में छोटे तथा सटीक प्रयोगों को स्थान देते हुए लक्ष्य भेदने की सफलता को शामिल किजिए। आप अनुभव के आधार पर एक, दो या तीन सीढ़ी तो एक साथ पार कर सकते हैं। किन्तु, कभी भी नीचे वाली सीढ़ी से एकदम ऊपर वाली सीढ़ी पर अपने कदम नहीं जमा सकते। इसलिए, ऐसे प्रयोगों को अपनाने की भूल से स्वयं को बचायें।

चौथा सिद्धांत – अपने निश्चित मुख्य उद्देश्य को सदा स्मरण में रखिए।
प्रतिदिन अपने अंतिम लक्ष्य का स्मरण उस प्रार्थना के समान किजिए, जो सुबह, दोपहर, शाम तथा रात में की जा सकती है। इसे हर दिन दोहराइए और दिन की समाप्ति पर रात को अपने बिस्तर पर सोने के पूर्व पूरे दिन में अपने अंतिम लक्ष्य के लिए आपने जो कुछ भी प्राप्त किया है, उसके लिए अपने ईश्वर को सच्चे मन से धन्यवाद दिजीए।

"सर्वश्रेष्ठ होना उनका विशेष अधिकार है, जो अपना विशेष लक्ष्य निर्धारित करते हैं, उसके प्रति नियमों को पालते हैं, उसकी प्राप्ति के लिए स्वयं को समर्पित करते हैं और प्रमुख लक्ष्य को प्राप्त करते हैं।"

यह कैसे संभव है?

एक धावक अपने प्रयासों से पहले दौड़ प्रतियोगिता में शामिल होता है, कठिन परिश्रम के फलस्वरुप प्रतियोगिता जीतता है। इसके बाद वह दूसरों के द्वारा पहले से स्थापित कीर्तिमान तोड़ता है और नये कीर्तीमान स्थापित करता है। कठिन परिश्रम की

निरंतरता उसे अपने ही बनाये हुए कीर्तीमान खारीज करने की प्रेरणा देती है और फिर वह धीरे–धीरे अपने ही कीर्तिमान पीछे छोड़ते हुए नये कीर्तिमान स्थापित करने लगता है।

पिलावुळ्ळकण्टि तेक्केपरम्पिल उषा प्रसिद्ध नाम पी. टी. उषा (जन्म 27 जून 1964) निवास स्थान पय्योली, कोज़िकोड, केरल, भारत। जकार्ता, इंडोनेशिया में 1985 की एशियाई दौड़–कूद प्रतियोगिता में उषा जी ने 100, 200, 400, 400 बाधा और 4×400 रिले में 5 स्वर्ण पदक जीते। उन्होंने 4×400 रिले में कांस्य भी जीता। किसी भी महिला द्वारा, किसी एक दौड़ प्रतियोगिता में सबसे अधिक पदक जीतने का यह कीर्तिमान है। इसी वजह से उन्हें "पय्योली एक्सप्रेस" उपनाम प्राप्त है। यह उनके प्रति हमारा प्रेम और सम्मान है।

हम सही समय का इंतजार करते हैं और अधिकांशतः सही समय आकर चला जाता है। किन्तु, हमें उस सही समय का आभास भी नहीं होता और भविष्य हमें चिढ़ाने लगता है। जैसे कक्षा दसवी के बाद अगले वर्ष में विषय का चुनाव एक सही समय है, उनके लिए जिन्होंने अपने लक्ष्य को चुन लिया है और उसे प्राप्त करने की तैयारी आरंभ कर दी है। लेकिन, जिन्हें अपने लक्ष्य की जानकारी नहीं और दूसरों को देखकर, सुनकर केवल औपचारिकता पूर्ण किसी विषय को अपना लिया है, वे आगे चलकर भविष्य में दसवी कक्षा के इस सुनहर वर्ष को याद कर पछताऐंगे।

4. नई सोच का मार्ग

"जिन्हें निर्णय की असीम शक्ति का ज्ञान नहीं। वे सफलता के मार्ग के राहगीर ही नहीं हैं। उनका भविष्य सामान्यता की जंजीरों में बंधे रहने के लिए पूरी तरह तैयार है।"

सही ज्ञान ही हमें सही निर्णय लेने में सक्षम बनाता है। हम साधारणतः सुनकर और सुनी हुई बातों को मानकर अपने ज्ञान का विस्तार करते हैं। किन्तु, यह एक भ्रामक तरीका है, ज्ञान अर्जित करने का क्योंकि, इसमें मिलावट, बनावटीपन और त्रुटियों की संभावनाएँ अधिक मात्रा में होती हैं। ***यदि हमारा ज्ञान ठोस, वस्तविकता के आस–पास और परीस्थितीयों की जानकारी के साथ सटीक है, तो हमारे निर्णय का बल हमें भविष्य में अवश्य ही सफल बनाएगा।*** हमारे ज्ञान में कमी का अर्थ है, हमारे निर्णय की विफलता की अधिक संभावना। और हमारे निर्णय की विफलता का अर्थ है, हमारी असफलता से मुलाकात। ये मुलाकात हमें कभी पसंद नहीं आती। लेकिन, हम फिर भी ज्ञान को सुनकर या दूसरों पर विश्वास करके प्राप्त करना बंद नहीं करते। हमारे समाज में आज भी परिजनों, मित्रों या गुरुओं के कहे अनुसार बगैर पूर्ण जानकारी के निर्णय ले लेने की प्रथा चल रही है। जिससे तेजी से भागते हुए समय के साथ हमारे चलने में हमें कठिनाइयों का सामना करना होता है। इस प्रथा से स्वयं को बाहर निकलने के लिए हमारे पास अंतिम निर्णय के विषय में लगभग पूर्ण जानकारी होना अति–आवश्यक है। मान लिजिए कि, एक छात्र दसवी में पास होने के बाद गणित विषय के साथ अगली कक्षा में प्रवेश प्राप्त करता है और वह इस विषय के साथ अपने भविष्य की पूर्ण जानकारी नहीं एकत्रित करता तब वह अपने पालकों की पूंजी और अपनी क्षमता के आधार पर इंजीनियरींग की डिग्री तो प्राप्त कर लेगा। किन्तु, इस डिग्री से वह धन कमाने में अधिक सक्षम नहीं बन पाएगा। सामान्यता के जीवन के लिए उस छात्र ने अपने ज्ञान को सीमित रखने हुए अपना निर्णय जो लिया था, यह उसी का परिणाम है और इस उदाहरण से संबंधित कई उदाहरण हमारे आज के

समाज में देखने को मिल जाते हैं। एक इंजिनियर छात्र को कम वेतन पर काम करना स्वीकार करना होता है क्योंकि, उसने केवल इंजिनियरींग में स्नातक होने के लिए चार साल लगाये, न कि, ज्ञान अर्जित करने के लिए।

इस किताब के माध्यम से हम आपके भ्रमित मार्ग की यात्रा को आरंभ होने से पहले ही आपकी जानकारी में ला देने का प्रयास कर रहें हैं। किन्तु, हमारा यह प्रयास सफल बनाने का पूर्ण श्रय केवल और केवल आपको ही दिया जाएगा।

हर छात्र अच्छे नंबरों से पास होना चाहता है, पढ़ाई पूर्ण होने के बाद अच्छा व्यवसाय या अच्छी नौकरी करना चाहता है। जिनके पास पुश्तैनी अर्थात् दादाजी या पिताजी का जमाया हुआ व्यवसाय है, वह उसे सम्भालना चाहता है। लेकिन, जब तक एक छात्र की निर्णय लेने की क्षमता सुदृढ़ नहीं होती, तब तक वह एक कच्चा खिलाड़ी ही साबित होता है। अतः अपने निर्णय लेने की शक्ति को, जानकारी और ज्ञान का बल प्रदान करके बलवान बनाइए। कम जानकारी या अधूरे ज्ञान के आधार पर लिये गये निर्णयों से हमें शर्मिन्दा होना पड़ सकता है, साथ ही हमें समय तथा धन दोनों की ही हानि सहनी पड़ सकती है। किसी भी निर्णय के लेने के पूर्व उस निर्णय से संबंधित अधिक से अधिक जानकारी प्राप्त कर लिजिए, इसके बाद ही निर्णय लेने का कदम उठाइए। अधूरी जानकारी की शत्रुता से स्वयं को बचाइए।

हम पर गर्व करें सभी और,
सब हमारा भी सम्मान करें।

हो हर निर्णय हमारा ऐसा कि,
हम आदर, स्नेह की खान बने।

धरें लक्ष्य ऐवरेस्ट पर परचम का
और हिम्मत में फौलद भरें।

बढ़ चले मेरे कदम यूँ आगे को
के मंजिल इनकी आवाज सुने।

जो आलोचक ईमानदार हों,
हम उनकी प्रशंसा के पात्र बने।

झूठे मित्रों की मधुर वाणी के
विश्वासघात को भी सहन करें।

जो सुंदर है उसकी सुंदरता का,
आदरपूर्वक हम बखान करें।

गुण और दोष होते हैं सभी में,
चलो, हम अच्छाईयों को तलाश करें।

एक बाग लगाऐं माली बनकर,
सुंदर खुशबुओं का विस्तार करें।

अर्थ : हर व्यक्ति के मन में अभिलाषा होती है कि, दूसरे उसके बारे में अच्छी बात करें और उसका सम्मान करें। हमारा हर निर्णय सफलता को प्राप्त करने का हो। हम आदर तथा दूसरों से मिलने वाले स्नेह की खदान बन जायें। हमारा लक्ष्य ऐवरेस्ट की चोटी पर परचम (तिरंगा) लहराने का हो। इसके लिए हमें बहुत-बहुत साहस की आवश्यकता है। इस साहस के सहारे हमें तब तक चलना है, जब तक की मंजिल

अर्थात् हमारे लक्ष्य पर हमारे कदमों की आवाज न सुनाई दे। ऐसा कर लेने पर, हमारी तथा हमारे निर्णयों की आलोचना करने वाले व्यक्ति भी हमारी सफलता पर हमारी प्रशंसा करने के लिए मजबूर हो जाते हैं। जिन्होंने हमें छल–कपट करके या धोखा देकर पीछे रखने का प्रयास किया है, हमें उन्हें भी सहन करना आना चाहिए। हमें दूसरों की सफलता की तारीफ करना आना चाहिए। अच्छाईयाँ और बुराईयाँ सभी में होती हैं। हमें दूसरों की अच्छाइयों पर ध्यान देना और उन अच्छाईयों को सीखना आना चाहिए। यदि दूसरों में अच्छाईयाँ खोजना और उन अच्छाईयों को अपनाना हमें आ जाये, तो यही कार्य हम दूसरों को सिखाकर सुंदर विचारों का विस्तार कर सकते हैं।

सदियों से यही होता चला आ रहा है कि, दूसरों के अनुसरण की प्रथा ने सामान्यता की राह पर हमें अनायास ही चलना सिखाया है और जब हम अपने लिए विशेषता की माँग करते हैं, तो हमारी यह माँग अनुचित घोषित कर दी जाती है क्योंकि, गुजरे समय में हमने कुछ भी विशेष नहीं किया होता है। एक साधारण बूजूर्ग अपने अंतिम समय में अपने अतीत को अवश्य सोचता है। फिर भी, किंसी को भी सामान्यता से दूर होने का ज्ञान नहीं दे पाता। क्योंकि, उसने कभी विशेषता के महत्व को जाना ही नहीं और अंतिम समय तक जान भी नहीं पाया। इसके पीछे छुपा रहस्य यह है कि, उसने वर्षों पहले ही असफलता को सहन करना सीख लिया था।

अपनी मूल योग्यता को पहचानना सीख लो। उस योग्यता के अनुसार स्वयं के लिए प्रतियोगिता का चुनाव करो और स्वयं को सर्वश्रेष्ठ स्थान तक पहुँचाओ।

कभी–कभी हमारे द्वारा अपनी मूल योग्यता को पहचान पाना संभव नहीं होता। किन्तु, हम स्वयं के लिए कही जाने वाली विशेष बातों पर भी विशेष रुप से ध्यान नहीं देने की आदत की वजह से स्वयं को सर्वश्रेष्ठता के मार्ग की ओर ले जाने में सहायक सिद्ध नहीं होते। इसका विस्तृत अर्थ इस प्रकार है कि, जब किसी अन्य व्यक्ति के द्वारा

हमारे विषय में कुछ विशेष कहा जा रहा होता है, तब हम उन विशेष बातों को सुनकर भी अनसुना कर देते हैं और अवसरों की तरफ ध्यानपूर्वक कदम न उठाने की स्वयं से शत्रुता निभाते रहते हैं। क्यों न हम खुद में दबी, छुपी विशेष योग्यता को खोजकर सामने ले आयें। उसे सुंदरता के साथ प्रस्तुत करें और सर्वश्रेष्ठता का पान करें। बिना विचार के, बिना परिश्रम के दूसरों द्वारा हांके (चरवाहा बकरीयों, भेड़ों, गायों तथा भैंसो को जिस तरह एक समूह में चराने ले जाता है।) जाने की सदियों से चली आ रही प्रथा को समाप्त करने के प्रयास तेज करें और स्वयं के लिए विशेषता पर विचार कर, नई राह पर चलने की सुंदर शुरुआत करें।

कभी-कभी हमें हमारी मूल योग्यता का ज्ञान होते हुए भी परिस्थितियों के अनुकूल न होने पर हम उस मूल योग्यता के लिए समय नहीं दे पाते। किन्तु, हम भली-भाँति जानते हैं कि, समय मिल जाने पर और अभ्यास करने पर हम इस मूल योग्यता को निखार सकते हैं, संवार सकते हैं। इस अवस्था में यदि हम इंतजार करते रहें, तो गलत नहीं है। लेकिन, गलत तब है, जब परिस्थितियों के अनुकूल होने के बाद भी हम सुनहरे समय को व्यर्थ ही जाने दें। जब भी समय मिले परिस्थितियों के मोहपाश (बंधन) से स्वयं को बाहर निकालो और अपने अंदर छुपी प्रतिभा को समय दो और परिस्थिति की मार को सहन करना तथा उसके घावों का उपचार करना जल्द से जल्द सीखो।

सही मौका, सुअवसर, किस्मत का लिखा, भाग्य में होना, प्रारब्ध का लिखा ये सभी शब्द हमारी समय के साथ कदम मिलाकर चलने की गति को कम कर देते हैं। परिस्थितियों के आगे कमजोर हो जाना एक बात है और कमजोर बने रहना दूसरी। यदि हम में दृढ़ संकल्प लेने का साहस, अपने संकल्प की राह पर बिना ड़गमगाएँ लगातार चलने की इच्छा शक्ति का संचार है तथा स्वयं के मनोबल को सम्भाले रखने की ऊर्जा शक्ति विद्यमान है, तो विशेषता, श्रेष्ठता, उच्चता या सर्वश्रेष्ठ ईनाम अवश्य ही हमारा इंतजार कर रहे हैं।

आसमान से बारिश की बूँदें
धरती पर जब आ जाती हैं।
तपती धरती इन्हें पी जाती है,
पर जब बूँदें आती रहती हैं।

एक समय ऐसा आता है,
धरती भी जब थक जाती है।
बूँद बूँद से मिल जाती है,
धाराएँ तब बनती जाती हैं।

धाराओं के संगम से अब,
कुछ बाधाएँ जुड़ती जाती हैं
तेज प्रवाह धर लें अगर बूँदें
नदियों में वो मिल जाती हैं।

आती बूँदें, गिरती बूँदें
बरखा जब झरती जाती है।
देख समुंदर की लहरें भी,
नदियों के जल से बल पाती हैं।

आसमान से बारिश की बूँदें

अर्थ : हमारे सुविचार हमारे दिमाग में आसमान से आने वाली बूँदों की तरह ही होते हैं। यदि सुविचार आये और चले गये, तो वे उन बूँदों के समान हैं, जिन्हें धरती की गर्मी वाष्प में बदल देती है या सोख लेती है। लेकिन, जब एक सुविचार पर हम लगातार विचार करते रहते हैं। तब, एक समय ऐसा आ जाता है, जब वह सुविचार आकार लेने लगता है। जिस तरह बारिश की एक बूँद दूसरी बूँद से जुड़कर धाराओं में बदलती जाती है। हर सुविचार की राह में बाधाओं का आना वास्तविक सत्य है।

लेकिन, जिस प्रकार पानी की धाराएँ नदियों में मिलने के लक्ष्य को कई बाधाओं को पार करके प्राप्त कर लेती हैं, उसी प्रकार हमें भी हर बाधा को पार कर अपने लक्ष्य तक जाना ही होगा। यदि हमने बाधाओं को निरंतर पार करना सीखा है, तो हमारा श्रेष्ठता के शिखर पर पहुँचना उसी प्रकार संभव है। जिस प्रकार, वर्षा ऋतु में समुंदर की लहरों को नदियों के द्वारा मिले जल से बल प्राप्त होता है।

निराशा, उदासी, अकेलापन, इन्हें हम स्वयं चुनते हैं। इनके चुनाव के लिए किसी प्रकार के महत्वपूर्ण बल की अवश्यकता नहीं होती। यहाँ केवल कायरता का एक तुच्छ बल ही सर्वशक्तिशाली बल है। जिसने कायरता से हाथ मिला लिया, उसे इससे ही स्नेह प्राप्त होता रहता है और वह व्यक्ति अनजाने ही स्वयं से शत्रुता निभाने लगता है क्योंकि, हर व्यक्ति के अंदर इच्छाओं का भंड़ार होता है। जब कोई इच्छा हमारी कायरता के विरुद्ध हो लेती है, तो निराशा, उदासी, अकेलेपन में गुजारा हुआ वक्त हमें अभिशाप–सा प्रतीत होता है। जिसकी भी वजह से हमें इस प्रकार का समय व्यतीत करना पड़ा हो, हम उसे अंतर्मन से कोसने लगते हैं। किन्तु, क्या आप जानतें हैं कि, चुनाव करते समय यह आपका अपना चुनाव था कि, अब आप निराश रहो, उदास रहो या अकेलेपन को धारण कर लो। ऐसा कभी नहीं होता कि, हमें निराशा, उदासी या अकेलेपन से बाहर निकालने के लिए कोई हाथ ना बढ़ाये। लेकिन, हम स्वयं लगातार उस हाथ का साथ नहीं देते और हमारी निरंतरता के सम्मुख हाथ बढ़ाने वाला हार मानकर चला जाता है। यदि निरंतरता नहीं होती तो उदासी कब की मिट गयी होती। इसलिए, निरंतरता की शक्ति को पहचानों और इसे सही दिशा में प्रयोग करो।

हमारे जीवन में सूरज, चाँद, सितारे, प्रकृति, साँसें, धड़कन, विचार, पलकें, आदि कई संकेत हैं, जो निरंतरता के प्रतीक हैं। इन प्रतीकों से प्रेरणा लेना हमें सीखना ही होगा। जीवन में लगातार आगे बढ़ना तो है ही, तो क्यों न एक लक्ष्य की तरफ बढ़ें, क्यों न उस लक्ष्य के लिए बहें। ताकि, इस जीवन में उपलब्धियों की गाथाओं में हमारा नाम भी लिखा मिले।

क्या आपने कभी विचार किया है कि, किस्मत से कभी कोई भी व्यक्ति महानायक नहीं बन सकता। क्या किस्मत से आप महान हो सकते हैं? नहीं। ***महानता केवल और केवल परिश्रम, कठिन परिश्रम, अत्यधिक प्रयासों में असफलताओं की बाधाओं को निरंतर पार करने की कला से प्राप्त होती है।***

याद रखिए : ''सदैव अवसरों के लिए तैयार रहने वाला व्यक्ति ही अवसर को सुअवसर में परिवर्तित करने में सफल हो पाता है।''

जीवन में कोई उद्देश्य नहीं,
जो हम में कोई दूरदर्शिता नहीं,
यदि हमारा कोई आदर्श नहीं,
अगर हमारी कोई मंजिल नहीं,
मन में यदि विश्वास ही नहीं,
स्वयं सिद्धी का प्रयास ही नहीं,
आशाओं की कोई आस नहीं,
यदि कोई अवसर हमारे पास नहीं,
जो इस तरह का जीवन जीना है,
तो यह जीवन फिर कोई खास नहीं।

जीवन में कोई उद्देश्य नहीं

कठिन शब्दों का अर्थ : उद्देश्य–लक्ष्य। दूरदर्शिता–भविष्य का विचार। आदर्श–महान व्यक्ति जिसे हम आदर्श मानते हो। मंजिल–लक्ष्य। स्वयं सिद्धी–स्वयं की सफलता।

हम में से ऐसा कोई नहीं, जो खुशी और तकलीफों को अनुभव न कर सके। बस हर किसी के लिए खुशी का अर्थ, स्तर और वजह अलग–अलग होती है। किसी के लिए खुशी का अर्थ धन और प्रसिद्धी हो सकता है, किसी के लिए पदोन्नति खुशी का कारण हो सकती है और किसी के लिए अन्य कोई और कारण। किन्तु, यदि इसमें

हमारी मेहनत का रंग न हो और किसी दूसरे के धन की वजह से या सिफारीश द्वारा पदोन्नती प्राप्त कर हम खुशी का अनुभव करते हैं तो, यह खुशी सच्ची खुशी नहीं है। इस प्रकार की खुशी मिथ्या है, जो जल्द से जल्द हमारा साथ छोड़कर जाने के लिए आयी है। सच कहा जाए तो, खुशी वह अनुभव है जो हमारे अंदर छुपी हुई शक्तियों के सटीक प्रदर्शन पर उपहारों के साथ हमें प्राप्त होता है। यदि छोटी–छोटी उपलब्धियाँ खुशियों का अनुभव करा सकती हैं, तो उस खुशी की कल्पना अपने विचारों में लाइए जो आपके लिए उपहारों की बौछारों से परिपूर्ण हो। अर्थात् बड़े सपनों को अपनी आँखों में जगह दिजिए और किसी एक स्वप्न को पूरा करने का उद्देश्य अपने मन में स्थापित कर लिजिए।

बड़े स्वप्न के बीज हमें बोना सीखना चाहिए। परिश्रम का पानी हमें देना आना चाहिए। परिस्थितियों की धूप–छाँव में इन सपनों को हमें सम्भालना जानना चाहिए। तभी हम किसी जादूई नगरी में प्रवेश कर सकेंगे। जहाँ सभी लोग हमारा सम्मान करेंगे, हमारी प्रशंसा करेंगे, हमें सर–आँखों पर बिठाऐंगे। उस जादू नगरी के राजा बनने का स्वप्न देखीए।

हम में से कोई भी असफलता को पसंद नहीं करता। किन्तु, केवल कुछ लोग ही असफलता के प्रथम परिचय को सही प्रकार से समझ पाते हैं। असफलता का प्रथम परिचय सफलता की ओर हमारी प्रथम कोशिश है। यदि हम प्रथम कोशिश में ही सफल होने का सपना देख रहे थे, तो यह गलत नहीं था। किन्तु, इस सपने के टूटने पर यदि हम टूट जाते हैं, तो अब हम गलत हैं। हमारी असफलता बताती है कि, हमारी तैयारियों में कमी थी। इस कारण अगली बार के लिए हमें अपनी संपूर्ण एकाग्रता और पहले से अधिक परिश्रम के साथ आने वाले अवसर की तरफ जाना होगा। ताकि, हम सफलता से हाथ मिला सकें। स्वामी विवेकानंद जी ने बहुत ही सुंदरता के साथ इस संदर्भ में कहा है, ‘‘असफलताओं की कभी भी परवाह न करो; ये असफलताएँ जीवन की सुंदरता है, इसके बिना जीवन में क्या होगा? यह जीवन किसी लायक नहीं होगा, यदि यह जीवन संघर्षों के लिए नहीं था। जीवन की काव्यत्मकता

कहाँ होगी? संघर्षों और गलितयों का बुरा मत मानो। इसलिए, इन विफलताओं का कभी बुरा मत मानों, ये छोटी-सी पथभ्रष्टताएँ (अवरोध) हैं। आदर्श को हजार बार सम्भालकर रखो, और यदि आप हजार बार असफल हुए हो तो, एकबार फिर प्रयास करो।" इतनी सुंदरता के साथ शायद ही कोई हमें असफलताओं से प्रेरणा लेना सीखा सके।

एक बहुत ही बड़ी गलतफहमी के साथ एक बहुत बड़ा किशोर वर्ग अपनी युवावस्था की ओर अग्रसर होता है। वह गलतफहमी है, एक आश्चर्यजनक किन्तु, एकदम सत्यतथ्य की, कि, वे उपलब्धियों या सफलताओं की दौड़ में शामिल होने के लिए बने ही नहीं हैं। जैसे कुछ छात्र या छात्राएँ दसवीं कक्षा तक औसत अंकों से पास होते आये हों और उनके मन में यह अवधारणा स्थान बना चुकी हो कि, वे सभी विषयों में एक साथ अच्छे अंक प्राप्त ही नहीं कर सकते क्योंकि, उनमें इतना परिश्रम करने की क्षमता नहीं है या अच्छे अंक लाने लायक यादश्त के वे स्वामी नहीं हैं। यदि इस प्रकार के कुपोषित विचारों से हम हमारे मस्तिष्क का पोषण करते आये हैं, तो स्वयं को बुद्धिमान साबित करने का लक्ष्य निर्धारित करना इन छात्रों के लिए दसवीं कक्षा को बहुत अच्छे अंकों से पास करने का उद्देश्य बन जाना चाहिए। वर्ष की शुरुआत से ही इन्हें हर विषय पर अलग से तैयारी आरंभ करनी चाहिए। किसी दूसरे के समझाने से यह बात उतनी सुंदर नहीं लग सकती, जितनी सुंदर यह स्वयं समझ लेने पर लगे। इसलिए, यदि जीवन के रास्ते में मोड़ आने पर हमें सही तैयारी करना नहीं आया, तो हम या तो रास्ता भटक जाएँगे या दूसरे हमसे आगे निकल जाएँगे। तब हम सामान्यता के शेर के पंजों में दबकर चूहे की तरह जीवन व्यतीत करने के लिए बाध्य हो जाएँगे।

"सफलता केवल भाग्य का खेल है और इसे भाग्यशाली लोग ही पा सकते हैं।" यह पंक्ति किसी भी असफल व्यक्ति के मुँह से सहज ही सुनी जा सकती है। इन पंक्तियों द्वारा हम यह कहना चाहते हैं कि, परिश्रम से घबरा जाने वाले या कठिन परिश्रम को न अपना पाने वाले लोग ही भाग्य के घूंघट में अपना मुखड़ा छुपाते हैं और

जीवन भर शर्माते ही रहते हैं। ***सफलता नसीब नहीं, परिश्रम का फल है, जो इसकी तरफ धैर्य, लगन और एकाग्रचीत्त होकर बढ़ते हैं। यह उन्हें ही गले लगाती है तथा दूसरों को घूर कर देखती है।***

चलिए थोड़ा–सा सहज होते हैं और जीवन को उनकी नजर से देखते हैं, जिन्होंने अपने जीवन में भ्रामकताएँ पाल रखी हैं।

उदाहरण 1 : संपन्न परिवार की छत्र–छाया।
संपन्नता में किशोरावस्था तक आना कोई बुरी बात नहीं है। किन्तु, इसकी निरंतरता बनाए रखने के लिए परिश्रम का सहयोग न करते हुए, केवल इसका लुत्फ उठाना हमारा भ्रम है।

उदाहरण 2 : अभावों को अपनी राह का रोड़ा बनाना।
अभावों (गरीबी, विकलांगता या अवसर) को गिनना या गिनाना यदि हमारी प्रवृती बन गयी है, तो इसकी आड़ में बार–बार जाना हमारा भ्रम है।

उदाहरण 3 : स्वयं को सक्षम न मानना।
अक्षमताओं की सहायता करते हुए, स्वयं को सक्षम न मानने की रीत को हमें जल्द से जल्द तोड़ना सीखना होगा क्योंकि, जन्म से ही कोई भी बुद्धिमानी का प्रमाणपत्र लेकर नहीं आता। किसी भी व्यक्ति के कार्य और बोलचाल की शैली उसके बुद्धिमान होने का प्रमाण देती है। अतः सही दिशा में परिश्रम करते हुए, हम भी यह प्रमाणपत्र एकत्रित कर सकते हैं।

उदाहरण 4 : जीवन में कदम रखने के पूर्व ही जीवन साथी की तलाश।
स्वयं को खोजने की समझ विकसित करने की बजाय, एक साथी की खोज में लिप्त होने की भ्रामकता आज के किशोरों और युवाओं के लिए बहुत ही त्रासदी भरा हो गया

है। इसका परिणाम यह है कि, आज के आधुनिक और प्रतियोगी युग में हम अपनी क्षमताओं से वह करवा लेते हैं, जो हमें विशेषता के लिए करना था और अन्त में एक सामान्य परिचय को स्वीकार करने के लिए विवश होना पड़ता है। इस भ्रम से बचना बड़ा ही कठिन कार्य है। ***क्योंकि, प्रेम आयु का छल होता है, जिसके समक्ष हमारा कल होता है।***

हमारा यह मानना है कि, यदि किस्मत जैसी कोई चीज है, तो वह हमारा द्वार जीवन में कई बार खटखटाने आती है। किन्तु, दरवाजा वही खोल पाता है, जो किसी कार्य में मगन होता है या किसी कला में लिप्त होता है। अनाड़ियों के लिए इसकी आहट सुन पाना संभव नहीं होता और वे इस खटखटाहट को सुनकर भी दरवाजा खोलने का साहस नहीं कर पाते। हमें स्वयं पर उपकार करना भी नहीं आता और हम परोपकारी बनने की कोशिशें करें, तो दुनिया ने हमें क्या कहना चाहिए? स्वयं पर उपकार करना सीखिए और अपने अंदर छिपी प्रतिभा को घोर निंद्रा से जगा लेने का प्रयास किजिए। स्वयं पर उपकार किजिए और भ्रम से स्वयं को बाहर रखिए। स्वयं पर उपकार किजिए और ''मैं कमजोर हूँ, मेरे भाग्य में नहीं'' इन बैसाखियों का सहारा लेना बंद किजिए।

मनुष्य में अपार दर्द सहन करने की शक्ति होती है। सोच और मन के तालमेल से बनने वाली समझ, हमें क्या सहन करना है और किस दर्द से बाहर निकलकर नया समय देखना है, यह बता सकती है। किन्तु, फिर भी प्रयत्न तो हमें ही करने होते हैं। यदि आपकी समझ में यह आ जाये कि, लक्ष्य के प्रति समर्पण के भाव से दर्द सहन करते हुए बढ़ते जाना है, तो इस समझ को हमारा सलाम! स्वेच्छा से वर्षों किसी लक्ष्य के लिए बलिदान देना, कटीले–पत्थरीले रास्तों पर चलते रहना, कठिन परिश्रम को अपना लेना, अपना सारा दर्द सहन करते रहना, हतोत्साहन में संभलना, अंधकार, मायूसी तथा हृदय विकारी असफलताओं से हार न मानना और अपना कार्य करते रहना ही हमें हमारी अपार सहन शक्ति का उत्तम उपहार दिला सकती है। हमें अपनी सहन

शक्ति को गलत मार्ग पर ले जाने से बचना सीख लेना चाहिए। हर सुबह हमें अपने भविष्य के सुनहरे पलों के लिए निर्धारित कार्य का एक अंश चुनना चाहिए और रात्री तक उस अंश को पूर्ण कर लेना चाहिए। जिस तरह 'एक–एक कंकड़ मटके में डालते हुए कव्वे ने पानी ऊपर लाया और अपनी प्यास बुझा ली।' वाली कहानी हम जानते हैं। ठीक उसी तरह हर दिन एक अंश हमें पूरा करना चाहिए। इस अंश को सबसे अच्छी तरह पूरा करने का दबाव, संयम का विस्तार, आत्म–अनुशासन, लगन, इच्छाशक्ति, उत्साह तथा व्यक्तित्व का बल इन्हें सहजता से स्वीकार करना चाहिए। यदि यह बड़े–बड़े कार्य हम हर दिन करते रहे, तो जब हमारे लिए बड़ा दिन आएगा तब यह हमारी आदत का एक हिस्सा मात्र होगा और हम बड़ी ही आसानी से उस बड़े दिन अपनी जीत दर्ज करा लेने में सक्षम होंगे।

5. नये मार्ग की धूप–छाँव

अब हम पुनः गंभीरता की ओर चलते हैं। ज्ञान की सही समझ या समझदार ज्ञान को जानने का प्रयास करते हुए। क्या केवल अच्छी शिक्षा प्राप्त करना और अच्छे अंको से परीक्षाएँ पास करना हमारे ज्ञान की गागर को भर सकता है? शिक्षा हमें समझदार न बनाये और शिक्षित होते हुए भी यदि हमारे निर्णय हास्यादपद रहें, तो हमारी शिक्षा का क्या मोल। केवल दिखावे की शिक्षा हमारे ज्ञान के पात्र को भर नहीं सकती।

जीवंत उदाहरण : एक विद्यार्थी बिना भविष्य की चिंता किये किसी विषय को चुन लेता है। फिर, आगे की शिक्षा प्राप्त कर लेता है। कई वर्षों तक अपने परिजनों का धन, अपनी मेहनत और समय खोकर, उसे अंततः यह ज्ञान या अनुभव प्राप्त होता है कि, उसकी शिक्षा जीवनोपयोगी अर्थात् आर्थिक समृद्धि में उसकी सहायक नहीं है। इसके बाद उसे जो भी काम मिलता है, वह अपने जीवनयापन के दबाव के मद्देनज़र उस कार्य को किसी भी किमत पर स्वीकार कर लेता है। इसके बाद भाग्य और किस्मत के खेल में वह मोहरे की तरह इस्तेमाल किया जाने लगता है।

केवल शिक्षित होने के लिए शिक्षा ग्रहण करना आज का सबसे बड़ा फैशन है। लेकिन, जो ज्ञान के लिए शिक्षा ग्रहण करते हैं, वे ही मॉडल बनने में सक्षम होते हैं। बाहरी दिखावे के लिए शिक्षा प्राप्त करना अत्यंत हानिकारक चलन है। यदि ज्ञान प्राप्ति की जिज्ञासा हमारे भीतर नहीं है, तो केवल शिक्षा प्राप्त करना समय की बर्बादी है। इससे तो अच्छा वह बालक है, जो शिक्षित न होते हुए भी सारी उम्र किसी हुनर के लिए कार्य करता रहा और अपने जीवनयापन की चिंता से मुक्त है। हम भी ऐसा कर सकते हैं किन्तु, यह पुनः सामान्यता की दिशा में हमारा कदम होगा या हमारी इच्छा शक्ति का उत्कृष्ट उदाहरण भी हो सकता है। जिस प्रकार 6 जनवरी 1967, चेन्नई, तमिलनाडु में जन्मे ए.स. दिलिप कुमार धर्म परिवर्तन के बाद अल्लारखाँ रहमान या प्रसिद्ध नाम ए. आर. रहमान ने इच्छा शक्ति का एक उत्कृष्ट उदाहरण प्रस्तुत किया

है। इसी बात पर जोर देते हुए स्वामी विवेकानंद जी ने बतलाया है कि, ''शिक्षा जानकारी का परिमाण (बड़ा हिस्सा) नहीं है, जिसे हमारे दिमाग में रख दिया जाए और वह वहाँ कोलाहल करते हुए संपूर्ण जीवन अव्यवस्थित करे। हमें जीवन निर्माण, व्यक्ति निर्माण, व्यक्तित्व के निर्माण के विचारों को आत्मसात करना चाहिए। यदि हम पांच विचारों को आत्मसात कर लेते हैं और इसके बाद जीवन में अपने व्यक्तित्व को बना पाते हैं, तो हम ज्यादा शिक्षित है, उनकी तुलना में जिन्हें पूरा पुस्कालय मुँह जुबानी याद है।''

हमारे मन में भय का साया भी उपस्थित होता है और स्वयं पर विश्वास कर आगे बढ़ने की शक्ति भी। अब यह हमारे आस-पास मौजूद लोगों की विचारधारा या हमारा स्वयं पर विश्वास होता है, जो हम भय या स्वयं पर विश्वास में से किसी एक का प्रमाण बढ़ाते जाते हैं। यदि भय का प्रमाण अधिक हो जाता है, तो सपने सिर्फ दुःस्वप्न बने रह जाते हैं और यदि स्वयं पर विश्वास का प्रमाण अधिक होता है, तो हम मंजिल की ओर बढ़ने वाले मुसाफिर बन जाते हैं। यदि मुसाफिर हैं, तो सफर भी तय करना होगा। यदि सफर है, तो सफर में कठिनाइयाँ भी अवश्य होंगी। अतः इन कठिनाइयों को भी पार करना होगा। इन कठिनाइयों से ही भय लिपटा हुआ होता है, जो निश्चय कर लेने वालों के सामने बौना हो जाता है और ड़र जाने वालों के सामने अपना रुप विकराल किये खड़ा होता है। जब तक हम कठिनाइयों के लिए स्वयं को तैयार नहीं कर लेते, भय हमें भयभीत करता ही रहता है। लेकिन, हमारे मन की तैयारियों और हमारी तैयारियों के सामने यह धीरे-धीरे गायब होना आरंभ हो जाता है। जैसे-जैसे हमारी तैयारियाँ और मनोबल बढ़ता है, वैसे-वैसे भय अपने कदम पीछे खींचने लगता है और हमारे पूरी तरह कठिनाइयों का सामना करने की स्थिती में भय पूरी तरह से गायब हो जाता है। हम इस पर विजय प्राप्त करने के लायक हो जाते हैं। जिस प्रकार किसी महत्वपूर्ण वार्षिक परीक्षा के वर्ष की शुरुआत में हम में से अधिकांश लोगों के मन में अपनी तैयारियों के विचार में भय विद्यमान होता है और यह हमसे कई प्रश्न कर रहा होता है, ''इतनी महत्वपूर्ण परीक्षा की पूर्ण तैयारी कैसे होगी? यह वर्ष न जाने कैसे

गुजरेगा? हम यह कार्य अच्छी तरह निभा पाएँगे या नहीं? न जाने परिणाम क्या होगा? इत्यादि। किन्तु, समय के साथ की गयी तैयारी हमारे भय को कम करने में सक्षम होती है और अन्ततः हम परीक्षा देने परीक्षा कक्ष में अपनी तैयारियों के साथ पहुँचते हैं। जिसकी तैयारी जितनी अच्छी, उसका भय उतना कम और जिसकी तैयारी जितनी कम, उसका भय उतना अधिक। क्यों सही है न!

औसतन अंक प्राप्त करने वाले छात्र इस भय का सामना हर वर्ष करते हैं और इस भय का सामना पुनः करने के लिए हर नये वर्ष तैयार रहते हैं। बजाय, इसके कि, वे अपनी तैयारियों से इस भय को आश्चर्य चकित कर दें और इस पर सवार होकर बेहतरीन अंक प्राप्त करें। अपने अध्ययन के अलावा उन्हें बाकी सारी ही बातों में रुचि होती है या रुचि जागृत हो जाती है। किन्तु, विषय विशेष के अध्ययन का आकर्षण कम होने के दुष्परिणाम उन्हें भी विचलित करते ही हैं। मगर, फिर भी वे इस आकर्षण के प्रभाव को लगातार कम करते रहते हैं और स्वयं में उपस्थित निरंतरता की शक्ति को दुरुपयोगी कार्य में व्यर्थ खर्च करते हैं। इस प्रक्रिया के तहत वे अन्य विद्यार्थियों को स्वयं से आगे जाने का अवसर स्वयं प्रदान करते हैं और किसी भी प्रतियोगिता के लिए स्वयं ही अपने प्रतिद्वंदीयों की संख्या बढ़ाते चले जाते हैं।

स्वयं पर विश्वास के बल को पहचानों और जीवन में विशेषता को एक महत्वपूर्ण स्थान दो। स्वयं को विशेष व्यक्तित्व के लिए तैयार होने में सहायता प्रदान करो और अपनी निरंतरता को उचित मार्ग की ओर ले चलो जिसकी आपसे अपेक्षा की जाती है। न चाहते हुए भी या कुछ न करते हुए भी हमारी उम्र हर पल, हर मिनट, हर घंटे, हर दिन, हर महीने और हर वर्ष बढ़ जाती है। यह निरंतरता की निशानी है। अब यदि हम इस निरंतरता की पीठ पर सवार होकर अपने लक्ष्य को प्राप्त करने निकल पड़े, तो हम निरंतर अपने विशेष लक्ष्य की तरफ बढ़ने लगेंगे। किन्तु, यदि निरंतर भटकते रहे, तो हम बहुत सारी जानकारियाँ प्राप्त कर लेंगे। लेकिन, किसी भी विषय के ज्ञाता या गहरे

जानकार नहीं बन पाएँगे। जिससे की हमें पीछे छोड़कर आगे बढ़ जाने वालों के लिए सदैव मार्ग खुला रहेगा।

उस बल को पहचानो जो
तुम में बस तुम्हारा है।

संपूर्णता की ओर बढ़ो
कि यह वक्त अब भी तुम्हारा है।

स्वयं को सिद्ध करोगे तो
जीवन यह यश का सितारा है।

भय से हार गये जो तुम
तो जीवन भर अंधियारा है।

जो पाना है, जो बनना है
उस पर ध्यान लगाओ अब।

तुम पीछे रह जाओगें तो
आगे कम ही पाओगे सब।
खुद की कमियाँ खुद मिटाना
सीख लो यह एक मंत्र सुहाना।

बचपन पीछे चला गया है
छोड़ दो अब तुम यह बचकाना।

अर्थ : हमें स्वयं के भीतर छुपी शक्ति, गुण और प्रतिभा को पहचानना होगा। इस बल को पहचापने के बाद श्रेष्ठता की तरफ अपने कदम बढ़ाना है क्योंकि, हर दिन नई सुबह लेकर आता है और आप उस नई सुबह के नये विचार हो। आप नये विचार हो या नये विचारों वाले हो यह आपको सिद्ध करके दिखाना है, साथ ही यह भी सिद्ध करना है कि, आपका जीवन सामान्यता के लिए नहीं है। यदि आपने किसी भी प्रकार के भय से हार मान ली, तो आपके भविष्य में रौशनी की कमी रहेगी। इसलिए, आपको जो लक्ष्य पाना है, उस लक्ष्य पर अपना ध्यान पूरी तरह से केन्द्रित करो। यदि जीवन की दौड़ में आप पीछे रह गये अर्थात् अच्छा पद, अच्छे स्तर पर नहीं पहुँच सके, तो दूसरों की तुलना में आपका ऐश्वर्य कम ही रहेगा। स्वयं में सुधार लाने का एक मंत्र सदा के लिए अपने साथ रहने दो। जब तक की आप सर्वश्रेष्ठ नहीं बन जाते। चूँकि, अब आप बच्चे नहीं हो। इसलिए, नादानियाँ छोड़ दो।

हम में से किसके साथ आशाएँ जुड़ी नहीं होती? यदि किसी व्यक्ति के साथ किसी की आशाएँ नहीं जुड़ी हैं, तो सोचिए वह व्यक्ति किस प्रकार का होगा। अब यदि हमसे किसी की आशाएँ जुड़ी हैं और हम उन आशाओं के अनुसार स्वयं को सिद्ध करने की राह पर नहीं चलते, तो उन आशाओं का क्या? जो हमसे किसी ने बांध रखी हैं। अगर हम किसी की आशाओं को पूरा करने की क्षमता नहीं रखते, तो हमें दूसरों से अभिलाषाएँ करने का हक छोड़ देना चाहिए। क्योंकि, बिना दूसरों कि आशाओं को पूरा किये आप कब तक अपनी इच्छाएँ, अपने अधिकार, अपनी हठें पूरी कराते रहोगे? क्या यह एक तरफा अधिकार जताने के समान नहीं है? यदि इन्साफ करना है, तो आपकी हठ पूरा करने वाले की आशाओं को भी पूरा करो। क्योंकि, इस इन्साफ में जीवन की सुंदरता का निवास है। यह इन्साफ आपके व्यक्तित्व को निखारता है और आपके मन को भी सुंदर बनाता है।

क्या आप स्वयं को आशाओं से जुड़ा मानते हैं? क्या आप किसी की आशाओं पर खरा उतरना जानते हैं? क्या आप में आशाओं के अनुरुप बनने की क्षमता है? या आप केवल इच्छाओं, अभिलाषाओं के दास हो?

यदि आप स्वयं को आशाओं की पूर्ति के लिए स्वीकार करते हो, तो यह समय है ज्ञान के उदय का, स्वयं के परिचय की खोज का और भय को पूर्ण जानकारी के प्रभाव से मिटाने का।

हमें आशाओं को पूरा करना सीखना ही होगा, तभी हम अपेक्षाओं के हकदार होंगे। अन्यथा, हमें अपेक्षाओं के तीरस्कार को स्वीकार करना और इसे सहन करने की क्षमता बढ़ाने का भरपूर अभ्यास करना होगा।

आशा के साथ एक रोचक तथ्य यह है कि, यह आपके अपनो के होने की अनुभूति प्रदान करती है। कोई अनजान व्यक्ति आपसे किसी प्रकार की आशा नहीं रखता। यदि आपसे किसी की आशाएँ जुड़ी है, इसका अर्थ यह है कि, उसमें आपके प्रति स्नेह और आपके लिए ईमानदारी है। यदि आप इस दौलत को नहीं सम्भालते हैं, तो आप अपने स्नेहियों और अपने प्रति ईमानदार लोगों की गिनती लगातार कम कर रहे होते हैं। अब एक और मजेदार बात, आप यहाँ भी निरंतरता का हाथ थामें हुए हो। बस आपके अपने खिलाफ।

जिसमें आशाओं को पूर्ण करने की जिम्मेदारी है, क्षमता है, वह एक आशावादी व्यक्ति है क्योंकि, दूसरों को आपसे आशा होती है और आपको अपने कार्य करने के तरीकों से यह आशा होती है कि, आप किसी कार्य को कितनी कुशलता से पूर्ण करते हो। जो आशावादी होते हैं, उनके शब्दों में मिठास, भविष्य की सुंदर कल्पना, निश्चय की छवी और सफलता की झलक दिखायी देती है। वे उस ज्योति पुंज की तरह होते हैं, जो निराशा के अंधकार को चीरकर उम्मीदों की किरणों का प्रसार करते रहते हैं। उन्हें यदि एक अंधेरे कमरे में कैद कर दिया जाये, तो उस कमरे में भी उनकी इस

ज्योति से सुनहरी रौशनी फैल जाएगी और वह अंधेरा कमरा इस सुनहरी रौशनी से पूरी तरह भर जाएगा। किसी आशावादी व्यक्ति के प्रभाव में आ जाना मनुष्य जीवन की एक सहज प्रवृत्ती है। यदि हमारी आशावादिता और लक्ष्य में सत्यता के प्रमाण उपस्थित हैं, तो हम किसी भी व्यक्ति या किसी भी समूह के आकर्षण को नियंत्रित कर सकते हैं। एक आशावादी व्यक्ति जादूगर के समान होता है। जिसके शब्द, वाक्य, पंक्तियों में आकर्षण का जादू होता है। क्या आप ऐसे जादूगर बनना पसंद नहीं करोगे? क्या आप आशाओं को पूरा कर आशावादी होना स्वीकार नहीं करोगे? यदि हमें इस दुनिया में कुछ भी सार्थक करना है, तो हमारे विचारों में आशावादी विचारों का प्रवाह होना अत्यंत अनिवार्य है। इसका कोई अन्य विकल्प नहीं है।

सपनों और आशाओं का चक्र प्रत्येक मनुष्य के सुनहरे जीवन का आधार है। रात को नींद में देखे गये स्वप्न हम सुबह याद कर सकते हैं, उन्हें दूसरों को बता सकते हैं। उन सपनों की विचित्रताओं पर हँस सकतें हैं, बुरा अनुभव कर सकते हैं। उन सपनों में हम ड़र सकते हैं या स्वयं को उपब्धि और ऐश्वर्य का स्वामी पा सकते हैं। यदि आप नींद में अधिकांशतः समृद्धि और ऐश्वर्यता के स्वप्न सजा सकने में समर्थ हैं, तो आप मान लिजिए कि, आप में कहीं न कहीं विशेष क्षमताएँ मौजूद हैं क्योंकि, स्वप्न एक संकेत है, आपके आंतरिक वातावरण में आपकी ऊर्जा के बल का। किन्तु, एक भयानक सत्य यह है कि, हम में से बहुत से लोग इस वातावरण में प्रवेश ही नहीं करते या जिन्हें इस आंतरिक वातावरण में निहित अपनी असीम शक्ति का आभास तक नहीं होता। हम स्वप्न को बड़ी ही सहजता से भुला देते हैं और अपने स्वप्नों के लिए अपने आंतरीक वातावरण को कभी भी सुंदर, स्वच्छ और स्वास्थ्य करने का प्रयत्न नहीं करते। परिणाम स्वरुप हमारा स्वप्नलोक हमारे नियंत्रण से बाहर हो जाता है और हम केवल किसी फिल्म की तरह हर बार एक स्वप्न को देखते हैं और अगली बार किसी नई फिल्म की तरह दूसरे स्वप्न को देखकर अपनी प्रतिक्रियाएँ प्रकट करते हैं। सही है न?

अब चलिए, इसे नये रुप में समझते हैं। हम एक स्वप्न को गहरी निंद्रा स्थीति में देखने का प्रत्यन करें। इसी स्वप्न को बार–बार देखने का प्रयत्न करें। पहले पहल हो सकता है कि, यह क्रिया हमें नादानियों भरी या हास्यास्पद लगे। किन्तु, अल्प समय अंतराल के बाद हम पायेंगे कि, हम उस विशेष स्वप्न को नींद में देख पाने में समर्थ हो पाए हैं। कोई बात नहीं यदि हम इस विशेष स्वप्न का एक अंश मात्र ही देख पाये हैं। हमें अपने प्रयत्न करते रहने हैं। तब तक, जब तक कि हम इस एक ही स्वप्न को बार–बार विशेष क्रम में देखना आरंभ न कर सकें। इस बात पर विश्वास रखिए कि, हमारे बार–बार के प्रत्यनों से यह संभव है कि, हम एक ही स्वप्न को क्रमानुसार गहरी नींद में भी देख सकते हैं। यह प्रयोग स्वयं हर महानायक ने किया है। अनुभव के अनुसार, हर महानायक एक ही स्वप्न को क्रमानुसार पात्रों के संवादों, वेशभूषाओं और उनकी विशेष उपलब्धियों के साथ देख पाने में सक्षम होता है। यह लगभग एक फिल्म की तरह ही होता है। जिसका मुख्य पात्र वह स्वयं को देख पाने में सक्षम हो जाता है। हर नायक सबसे पहले स्वयं को अपने स्वप्न में नेतृत्व करते हुए देख पाता है। फिर, वह इसी स्वप्न को बार–बार देखता है। तब तक, जब तक कि वह संवादों को सुनकर, समझकर याद रखने की क्षमता प्राप्त न कर ले। इस क्षमता के बाद वह अपने आप को भविष्य में होने वाली गलितयों से बचा पाता है, क्योंकि, उसने रिहर्सल तो अपने स्वप्न में पहले से कर ली है। अतः वह अपने स्वप्न को सच में बदलते देख पाने का सामर्थ्य जुटा पाता है। स्वप्न और सच के मध्य का खाली स्थान भरने के लिए हमें आशाओं की प्रचूरता की आवश्यकता होती है। आशाओं की प्रचूरता का होना इसलिए आवश्यक हैं क्योकिं, स्वप्न और सच के मध्य की खाई बहुत गहरी होती है। इस खाई को भरने के लिए मुट्ठी भर आशाएँ पर्याप्त नहीं होतीं। यदि मनुष्य आशावादी है और उसके विचार में सुंदरता है, तो उसके लिए स्वप्न और सच के मध्य की इस खाई को भरने में अधिक समय नहीं लगता। वह किसी भी अवसर को सुअवसर में परिवर्तित करने में सक्षम हो जाता है। आशावादीता के कोई साईड इफेक्टस् नहीं होते।

अब हम एक महानायक या महानायिका के स्वप्न को समझते हैं। यदि हम किसी भी महानायक की बात करें, चाहे वे श्री अमिताभ बच्चन जी हों, श्री सचिन तेंदुलकर जी हों, गज़लों को नये आयाम देने वाले श्री जगजीत सिंह जी हों या महानायिका सुर साम्राज्ञी लता मंगेशकर जी हों या अन्य और कोई भी महानायक या महानायिका। इन सभी में एक बात, एक तथ्य एकदम समान है। और वह तथ्य है, एक ही स्वप्न को देख पाने, देखते रहने और क्रमानुसार सजाते रहने की निरंतरता। यही एक स्वप्न हमारा लक्ष्य बन जाता है। जब हम इसे क्रमानुसार देख पाने में सक्षम हो जाते हैं। इस लक्ष्य के दायरे में हम हमारी तस्वीरें स्पष्ट देख पाते हैं। इन तस्वीरों में हम अपने वस्त्रों के रंग, भव्यता और हमारे संवादों का अंदाज देख सकते हैं। अर्थात् हमारे स्वप्न में हम एक जीवंत पात्र को देख लेते हैं और जब हम इस काल्पनिक नायक को अपने जीवन में सच में प्रस्तुत करने का प्रयास आरंभ करते हैं, तो हम केवल अपनी कल्पनाओं की नकल मात्र कर रहे होते हैं। अब यदि हम नकल भी अच्छी तरह कर पाने में सक्षम नहीं हैं, तो हमें अच्छे नकलची होने के प्रयास को तीव्र करना अनिवार्य हो जाता है। क्योंकि, इसी नकल में हमारी खुशियों का रहस्य छुपा हुआ है। कृपया इस रहस्य का पर्दाफाश किजिए और स्वयं को नायक या नायिका बन जाने से मत रोकिए।

साधारण तर्क : यदि हम में लालसा या तीव्र इच्छा है अपने लक्ष्य को जानने की तो स्वयं से वार्ता ही अंतिम निर्णय में सहायक सिद्ध होगी।

स्वयं को अच्छी तरह से समझने वाले सबसे पहले और शायद सबसे आखरी व्यक्ति हम स्वयं ही हो सकते हैं। दूसरे हमें समझें और हमारे अनुसार चलें। यह केवल तभी संभव है, जब हम सफलतापूर्वक समझे जाने लायक सरल तथा सहज व्यक्तित्व को धारण कर लें। ***ज्ञान और विनम्रता के बिना सरलता और सहजता को पाना केवल स्वप्न हो सकता है, वास्तविकता से इसका कोई संबंध नहीं है।***

6. नये मार्ग पर चुभन व मरहम

क्या हमारे जीवन में कोई साहसिकता है? क्या हम स्वयं को साहसी कह सकते हैं? अब यदि हम इन प्रश्नों के उत्तर देने के बजाय अपनी कम उम्र, कम अनुभव का वास्ता देने लगते हैं, तो इसका अर्थ यह है कि, हमने अभी तक स्वयं को किसी भी प्रतियोगिता में भाग लेने के लायक बनाया ही नहीं है। यदि यह सच है तो, अब हमें यह सोचना चाहिए कि, हमने स्वयं के सम्मान के लिए किस प्रकार की तैयारी कर रखी है। जब हम लगातार कुछ नहीं कर रहे होते हैं, तब भी हम लगातार समय को आगे जाने दे रहे होते हैं अर्थात् हम कुछ कर तो रहे ही हैं और वह भी लगातार कर रहे हैं। जिसे हम "टाईम पास" कहते हैं। हम टाईम को तो लगातार पास करते जाते हैं। किन्तु, साथ ही साथ हम स्वयं को लगातार उसके साथ चल पाने की प्रतियोगिता में फेल कर रहे होते हैं। और मजेदार बात यह है कि, हमें मालूम भी नहीं होता है कि, हम लगातार फेल्युअर या असफलता को आमंत्रित कर रहे हैं। यदि हमने ऐसा किया है या कर रहे हैं, तो किसी भी असफलता के लिए हमें तैयार रहना चाहिए। "टाईम पास" हो गया।

हमें अपनी साहसिकता को किसी एक निर्णय, किसी एक लक्ष्य के प्रति सदा के लिए जागृत करना ही होगा, उसकी नींद की आदत छुड़ानी ही होगी और उसे निरंतर जागना सिखाना ही होगा। तब कहीं किसी साहसिक निर्णय के समय यह हमारा पूरी तरह साथ दे पाएगी। वर्ना, हम निर्णय लेते रहेंगे और हमारा साहस सोता रहेगा। हम असफल होंगे; आगे बढ़ेंगे, पुनः कोई और निर्णय लेंगे, इसे जगाएँगे और यह आदत के अनुसार पुनः जाकर सो जाएगा और एकबार फिर हम असफलता को प्राप्त होंगे। यह चक्र हमारे लिए इसी क्रम में चलता रहेगा। लक्ष्य बदलते रहना बड़ा ही आसान–सा उपाय है, स्वयं को परिश्रम से बचाये रखने का और सामान्यता के हाथों परास्त होकर उसकी गुलामी को स्वीकार कर लेने का।

"प्रशंसाओं, उपलब्धियों, पुरस्कारों और सफलता का ताज वही पहनता है, जो साहस के शंख से किसी भी अवसर में शंखनाद करना जानता है।" इस तथ्य को अपने जीवन का अंश बना लिजिए कि, साहस ही परममित्र है हमारी विजययात्रा में। जिस व्यक्ति में साहस का अभाव है, वह कैसा होना चाहिए? अब साहस का उपयोग यदि मूर्खतापूर्ण तरह से किया जाये तो इसके परिणाम विपरीत भी हो सकते हैं। किन्तु, यदि हमारा उद्देश्य सही दिशा में है, तो थोड़ी बहुत मूर्खता सहनीय है। बहादुर या निर्भीक जैसे शब्दों का पूर्ण अर्थ जानने के लिए साहस का परिचय होना अत्यन्त आवश्यक है। इसी प्रकार, साहस के इस हथियार का सही उपयोग करना भी बहुत महत्वपूर्ण है। अन्यथा, इससे खिलवाड़ करने पर चोट हमें ही लगती है। हम साहस करते हैं, तो जोखिम उठाते हैं। हम जोखिम उठाते हैं, तो दूसरों से आगे हो जाते हैं। हम दूसरों से आगे होते हैं, तो स्वाभाविक है कि, दूसरे हमें देख रहे होते हैं। जब हमारे कार्यों के परिणाम अच्छे होते हैं, तब दूसरे हमारा अनुसरण करने लगते हैं। इसी संदर्भ में एक सुंदर कविता इस प्रकार है :

चारों ओर जब एक–सी प्यास थी
और एक ही कुँए में पानी था।
मेरे भीतर की हलचल में
न जाने कौन–सा बल रवानी था।

कहता था उठ, आगे को चल,
इसको पीना झरनों का पानी था।
मेरी बाहें थाम रखी थी,
कहता हर रोज एक कहानी था।

न माना तो मना रहा था,
न मानूँ तो जीवन बईमानी था।

इसकी संगत धर जो चलूँ,
तब जीवन अमिट निशानी था।

बाट तकी न और किसी की,
वहाँ लिखा न मेरा दाना-पानी था।
साहस की मुंदरी पहनी उंगरी में
बढ़ता चला जहाँ रास्ता तूफानी था।

अर्थ : जब हर कोई शिक्षित होने और उच्चशिक्षा प्राप्त करने की बातें कर रहा हो और आपके भीतर श्रेष्ठता की सोच जागृत हो जाये। तब आप दूसरों से अलग सोच की तरफ बढ़ जाते हो। श्रेष्ठता की सोच का बल हमें निर्मल झरने के पानी के समान प्रतित होता है। जिससे हमारी हर प्रतिक्रिया हमें असामान्य बनाती चली जाती है और हम हर दिन श्रेष्ठता की कहानी के एक नये अंश का सृजन करते हैं। श्रेष्ठ बनने का बल हमें समय व्यर्थ करने से रोकता है अर्थात् मनाता है और यदि हम इस बल की बात नहीं मानते हैं, तो हमारा भविष्य साधारण जीवन के लिए बना है। यदि हम इस बल की बात मान लेते हैं, तो हमारा भविष्य निश्चित ही असाधारण जीवन का प्रतीक होगा। जब हमने सर्वश्रेष्ठ बनने का प्रण (कसम) ले लिया है, तो हमें अकेले ही चलना है। क्योंकि, दो लोग एकसाथ सर्वश्रेष्ठ नहीं हो सकते। सर्वश्रेष्ठता की दौड़ हमें एक स्थान से दूसरे स्थान पर ले जाती है। अब हर नये स्थान पर हमें नई तथा अपरिचित कठिनाइयों का सामना करना पड़ता है और हर परेशानी से निपटने के लिए साहस दिखाना पड़ता है।

अंग्रेजी की एक बहुत ही प्रसिद्ध कहावत जिसका हिन्दी में अर्थ है : "जीवन गुलाबों का बिछौना नहीं है।" यदि आपके लिए अभी तक है तो, सावधान हो जाइए, आने वाली चुनौतियों के लिए। और यदि आप इस बात का अनुभव कर रहे हैं तो, यह आप के लिए अभावों की कठिनाइयों से ड़टकर निपटने का संकेत है। अब यदि आप

चुनौतियों और कठिनाइयों के प्रति सजग हैं, तो साहस से मित्रता आपके उज्जवल भविष्य का मार्गदर्शन करती रहेगी।

साहस यदि एक महत्वपूर्ण बल है, तो इस बल को बलवान या कमजोर बनाने वाला बल है विश्वास का बल। यदि हमारे मन में विश्वास के बल की कमी है, तो साहस का बल स्वयं ही कमजोर या नगण्य हो जाएगा। किन्तु, किसी भी कार्य को सफल बना लेने का विश्वास, हमारे साहस के बल को बलवान बनाता जाता है। जब हम किसी चुनौती को जीत लेने के विश्वास के साथ स्वीकार करते हैं, तो हमारे साहस को एक सकारात्मक बल मिलता है और चुनौतियों का सामना करना आसान होता जाता है। जैसे : स्वतंत्र भारत का स्वप्न और विश्वास हर स्वतंत्रता सेनानी के साहस की गाथा कहता है और अन्ततः 15 अगस्त 1947 को हर हिन्दुस्तानी का विश्वास जीत गया। हमारी नजरों में विश्वास और साहस के लिए इससे अधिक मूल्यवान और कोई अन्य उदाहरण हो ही नहीं सकता।

हर अंधियारी रात,
एक भोर का पीछा करती है।
ऊँचाई–गहराई से ही
लगती सुंदर हमें यह धरती है।

व्याकुलता ओढ़े जो विश्वास
साहस से हाथ छुड़ाता है।
मंजिल का पथ फिर हमसे
दूर ही होता जाता है।
ऐसी दुविधा से कहो, 'हट',
मुझको तो उस पार ही जाना है।
व्याकुलता को करो शर्मिंदा,
क्या तुम्हें शर्मिंदगी उठानी है?

चुन ली है जो राह हमने,
अब कदम बढ़ाते जाना है।
काँटों के हो चाहे बिछौने,
हमें विजय तिलक लगाना है।

अर्थ : असफलताओं के अंधेरों के बाद सफलता की एक सुबह है। यदि हमारी धरती केवल एक समतल मैदान होती, तो क्या इतनी ही सुंदर होती जितनी की आज पहाड़ों और नदियों के साथ सुंदर है। जो विश्वास व्याकुलता अर्थात् संदेह पूर्ण हो, वह किसी भी चुनौती का साहसपूर्ण सामना नहीं कर सकता। इस प्रकार से हम चुनौतियों में असफल ही होते हैं और लक्ष्य से दूर हो जाते हैं। इसलिए, किसी भी चुनौती को स्वीकार करने से पहले पूरी तरह सोच–विचार कर लेना आवश्यक है। ताकि, हम कठिनाइ को लक्ष्य के मार्ग से हटा सकें और आगे बढ़ सकें। यदि हमने संदेह रुपी व्याकुलता को नहीं खत्म किया, तो यह हमें खत्म कर देती है और हमें शर्मिन्दा होना पड़ता है। अतः किये गये फैसले पर पीछे हटने की बजाय, आगे बढ़ते जाने का ही मार्ग चुनो और कठिनाइयों का सामना करते हुए विजयी बनो।

साहस को विश्वास से बल मिलता है और विश्वास को संयम की आवश्कता होती है। संयम सदा ही समय की रस्सीयों से बंधा होता है। ठीक उसी तरह, जिस तरह हमें अपने हाथों में किसी नन्हें परिंदे को थामना होता है। यदि ज्यादा जोर से पकड़ा, तो उसका दम निकल जाएगा और यदि हमारी पकड़ कमजोर हुई, तो वह उड़ जाएगा। अर्थात् यदि केवल संयम ही संयम है, तो भी कार्य में सफलता नहीं मिलेगी और यदि संयम खो दिया, तो भी कार्य बिगड़ जाएगा। समय का महत्व समझना मनुष्य जीवन के लिए अति अनिवार्य है और हमें संयम का सही उपयोग करना आना चाहिए। संयम चाहे हमारा हो या किसी अन्य का। यदि हम इसकी उपयोगिता को समझकर आगे बढ़ते हैं, तो समय हमारा साथ अवश्य देता है। अन्यथा, समय बहुत बलवान है, निर्दयी है, बेरहम है। यदि इसकी सवारी हम नहीं कर पाते, तो यह हम पर सवार हो

जाता है और बेवजह की परेशानियों में हमें उलझाये रखता है। यदि हम समय बिताने का काम करते हैं, तो यह सीधा हमारे गुजर–बसर (दिनचर्या या आजीवीका) पर अतिक्रमण कर लेता है और हमें अव्यवस्थित, अस्वस्थ कर देता है।

हम सभी कछुए और खरगोश की दौड़ प्रतियोगिता की कहानी जानते हैं। खरगोश यदि पेड़ की छाँव में समय नहीं बिताता तो जीत जाता। अब इस कहानी में समय के नियम के साथ–साथ अतिविश्वास से होने वाली हानि को भी समझना आवश्यक है। विश्वास का होना सकारात्मक है, जबकि, अतिविश्वास नकारात्मक है। इसलिए, विश्वास को संयम की सदा ही आवश्यकता होती है।

प्रकृती ने सभीं को चौबीस घंटे ही दिये हैं। अब हम इस बंधे हुए समय में से स्वयं को विशेषता दिलाने के लिए कैसे और कितना समय निकाल पाते हैं। इसी तथ्य पर हमारी उपलब्धियाँ निर्भर करती हैं। ***समय उनका साथी है, जो इसके साथ कदम से कदम मिलाकर चलना जानते हैं और उनके लिए विनाशी है, जो इसका उपहास करते हैं।***

यदि हम किसी निश्चित लक्ष्य की तरफ चलने को तैयार हैं, तो हमें सर्वप्रथम अपनी सामान्य दिनचर्या से कुछ समय अपने निश्चित लक्ष्य के लिए निकालना सीखना होगा तथा योजना बद्ध दिनचर्या को अपनाना होगा।

योजना बद्ध कार्य के लिए दस लाभकारी नियम निम्न प्रकार से हैं :

1. **निश्चय पर अटल रहना –** इस नियम से ही आगे के सारे नियम जुड़े रहते हैं। यदि यह नियम कमजोर है, तो बाकी सारे नियम स्वयं ही कमजोर पड़ जायेंगे। हमें निश्चित कार्य का प्रत्येक भाग निर्धारित समयावधि में पूर्ण करने के लिए सदैव तत्पर रहना चाहिए।

2. **साहसी होना** – लिए गये निर्णय को पूर्ण करने का साहस होना हमारी सफलता का मार्ग दर्शक है। यदि साहसपूर्ण निर्णय नहीं लिया जाता है, तो हमारी सफलता पर प्रश्न चिन्ह अंकित हो जाते हैं।

3. **संयम को समझकर स्वीकार करना** – हमारे निणर्य की निश्चितता और सफलता के मध्य पूरे समय संयम का बल कार्य करता है। यदि संयम का साथ छुटा तो हमारे लक्ष्य की सफलता संदेह में पड़ सकती है।

4. **संकल्प को निभाना** – संकल्प अर्थात् कसम। यदि निश्चय कर लिया है और संयम के साथ आगे बढ़ने की हमारी पूरी तैयारी है, तो मार्ग में कभी भी अपने संकल्प को बाधित न होने दें। जैसे : दसवीं की परीक्षा के बाद यदि आपने निश्चय किया कि, आप पॉलिटेक्निक की मेकेनिकल शाखा में दाखिला लेंगे। तो, अब दाखिला लेने के पूर्व आपको सबसे पहले अपना लक्ष्य तलाशना है। मान लिजिए, आपका लक्ष्य एम.टेक. या एम.ई. तथा पी.एच.डी. करना है, तब यदि आपने पॉलिटेक्निक की परीक्षा में अच्छे अंक प्राप्त किये हैं तो, आप बी.ई. या बी. टेक. में प्रवेश प्राप्त कर सकते हैं। यदि अंक अच्छे नहीं हैं और अब आपको अपने माता–पिता के पैसों से अर्थात् मेनेजमेंट कोटे में दाखिला लेना पड़ रहा है, तो विचारपूर्वक कदम उठाइए। क्योंकि, आपके मात्र बी.ई. कर लेने से आपको अच्छी नौकरी नहीं मिल जाएगी। इससे आप पैसे और समय की बर्बादी के जिम्मेदार बन जाओगे। यही बात आपके अगले निर्णय पर भी लागू होगी, जब आप एम.टेक या एम.ई में दाखिला लोगे। किसी भी विषय में, किसी भी स्तर पर केवल परीक्षा उत्तीर्ण कर लेना हमें उचित पद नहीं दिला सकता। जब तक की आपके ज्ञान में विशेषता न हो या अंकों का प्रमाण दूसरों से तुलनात्मक या अधिक न हो। अतः केवल परीक्षा उत्तीर्ण कर लेने की प्रथा को तोड़कर ज्ञान प्राप्त करने की दिशा में अपने कदम बढ़ाइए।

5. **कम खर्चीले होना** – यह एक गुण हमें समय की बर्बादी और व्यर्थ के क्रिया–कलापों से स्वतः ही दूर कर देता है। अपनी सुंदरता पर, दिखावे पर या दूसरों से तुल्नात्मकता प्रतीत करने में धन तथा समय बर्बाद करने से हमें कभी लाभ नहीं होता। शारीरिक सुंदरता पर अधिक खर्च केवल उसे ही करना चाहिए, जो इस सुंदरता में ही अपना भविष्य तलाशता हो। उदाहरण : यदि आप माडलिंग या एक्टींग या किसी ऐसे क्षेत्र में जाना चाहते हैं, जहाँ आपकी देह की सुंदरता आपकी बुद्धि या ज्ञान की सुंदरता से अधिक महत्वपूर्ण है, तो आपको अपनी शारीरिक सुंदरता के लिए समय निकालना अनिवार्य है। अन्यथा, व्यर्थ में अपनी शारीरिक सुंदरता के लिए अधिक धन तथा समय खर्च करने की आदत लाभकारी नहीं है।

6. **स्वयं से न्याय करना** – यदि हमें स्वयं के भविष्य को उज्जवल बनाना है तो, यह योग्यता बहुत ही बारीकी से और सटीकता से सीखनी होगी। बिना पक्षपात के अपने लक्ष्य के मार्ग में बाधाएँ बनने वाली आदतों, मित्रों, क्रिया–कलापों को त्यागकर, लक्ष्य प्राप्ति के उद्देश्य के लिए न्यायोचित निर्णय लेना सीखना होगा।

7. **परिश्रम** – इस शब्द की गंभीरता और सही अर्थ को जानना अत्यंत आवश्यक है। इसमें गंभीरता इसलिए है क्योंकि, परिश्रम समय मांगता है और अर्थहीन परिश्रम समय को दीमक की तरह खत्म करता जाता है। धन के बिना समय व्यतीत नहीं होता, अर्थात् अर्थहीन परिश्रम समय तथा धन दोनों के ही लिए घातक है।

8. **ईमानदारी** – मनुष्य जीवन में यदि ईमानदारी के गुण की कमी है, तो हम कभी भी कामयाब नहीं हो सकते क्योंकि, निष्ठा, लगन, न्याय, संकल्प इन सभी के लिए हमारा ईमानदार यानी सच्चा होना बहुत महत्वपूर्ण है। सही या गलत का निर्णय लेने के समय यह गुण बहुत ही लाभकारी सिद्ध होता है।

9. **स्वच्छता और शुद्धता –** तन, मन और धन इन तीनों में जब तक स्वच्छता विद्यमान है, तब तक शुद्धता निवास करती है। उदाहरण : जिसके पिता मदीरा का सेवन करते हैं, उसे आज या आने वाले समय में यह बुराई आकर्षित करेगी ही और वह इसकी भ्रामकता का शिकार होने ही वाला है। इसी तरह यदि रिश्वत और काले धन की छाया में हमारे परिवार का पालन–पोषण हो रहा हो, तो भविष्य में हम कभी भी इस दल–दल में फंस सकते हैं। सदा तन स्वच्छ रखना एक आवश्यक प्रक्रिया है, मन की स्वच्छता के उपाय करने होते हैं और स्वच्छ धन अर्जित करना एक कठिन तथा परिश्रम पूर्ण कार्य है। अन्त में, मन की शुद्धता केवल स्वच्छ धन से ही प्राप्त की जा सकती है।

10. **विनम्रता –** विनम्रता का दिखावा करना एक अलग बात है और विनम्र होना अलग। विनम्रता के लिए समझ या ज्ञान का होना अत्यंन्त महत्वपूर्ण हैं। शांत तो मूर्ख व्यक्ति भी हो सकता है, शांति का अर्थ विनम्रता नहीं। ज्ञान का अर्थ विनम्रता है। जिसे ज्ञान प्राप्त करना है या जिसके पास ज्ञान है, वे दोनों ही किसी भी स्थिती में उत्तेजित नहीं हो सकते।

उपरोक्त गुणों में जीवन की समृद्धि और सम्मान समाये हुए हैं। इसमें कोई शक नहीं कि, एक व्यक्ति इन गुणों के साथ अपना लक्ष्य हासिल करने में जीवन का एक हिस्सा लगा देता है। किन्तु, इसके बदले में यह दुनिया उस व्यक्ति को इससे कई गुना अधिक लौटाती है, जब वह साधारण व्यक्ति एक सम्माननीय व्यक्ति बन जाता है। यह उसके द्वारा किये गये कठिन परिश्रम और ईमानदारी का ईनाम होता है। 'चढ़ते सूरज को सलाम करना।' यह हमारी इस दुनिया का नियम है।

दार्शनिक कार्लिल द्वारा व्यक्त एक कथन हमें जीवन से निरंतर आँखें मिलाने के लिए प्रेरीत करता है, ''हजारों पुरुष सांस लेते हैं, बढ़तें है और जीवन व्यतीत करते हैं; फिर जीवन के रंगमच से चले जाते हैं और उनके बारे में कोई बात नहीं होती। क्यों?

वे एक अच्छी दुनिया के अंश नहीं थे; और क्या उनके द्वारा किसी को आर्शिवाद प्राप्त नहीं था, उनके पाप मुक्ति के साधन के रुप में कोई भी उनके लिए तर्क कर सकता है; उन्होंने एक लाईन भी नहीं लिखी, याद कर सकने लायक एक भी शब्द नहीं कहा, और इसलिए, वे कल के एक जीव से ज्यादा याद नहीं किये जाते। क्या तुम भी इसी तरह जीयोगे और मर जाओगे। ओ! अविनाशी मानव। कुछ कर गुजरने के लिए जियो!"

असंभव स्वप्न देखना और उस स्वप्न को संभव करके दिखाना हर व्यक्ति के लिए आसान है। यदि हर व्यक्ति असंभव स्वप्न निरंतर और क्रमानुसार देखना संभव कर सके। यदि हर व्यक्ति स्वप्नों के संवाद, पोशाख और एक विशेष पात्र को पहचानना सीखे। यह कार्य हमें स्वयं सीखना होगा। यदि फरिश्तों का इंतजार करना है तो, तालाब के किनारे बैठकर मछलियाँ पकड़ो, पेट भरने लायक इंतजाम तो हो ही जाएगा। असंभव कल्पनाओं का साहस किसी ओर के लिए है, मेरे लिए नहीं। यह सोच भविष्य में सामान्यता के लिए है, विशेषता के लिए नहीं। यदि विचारों में असंभव कल्पनाओं का सृजन नहीं कर सकते हो, तो खाओ–पियो, जियो और निकल लो।

जो है, उसका कोई आकार है, प्रकार है। उसमें कोई गुण हैं, कुछ दोष है। वह अच्छा है या बुरा है। उसका अस्तित्व है। जिस प्रकार हमारा रंग है, रुप है, बुद्धि है, क्षमताएँ हैं या विवशताएँ हैं। हम जिन पर जोर ज्यादा देते हैं, उनमें उभार आना आरंभ हो जाता है। यदि एक सफेद कागज पर किसी वस्तु का भार रखा जाए, तो उस वस्तु के भार से उसी वस्तु का उभार उस कागज पर नजर आएगा। न कि, किसी दूसरी वस्तु का। उसी प्रकार आपकी आने वाली जिंदगी का सफेद कागज, आपके द्वारा दिये जाने वाले भार की आकृति आपको भविष्य में दिखाता है। जब यह आकृति हमें पसंद नहीं आती, तो हम दोषी किसी अन्य को बताते हैं। किन्तु, यह भूल जाते हैं कि, यह आकृति हमारे दिये गये वस्तु (कर्म) भार का प्रतिफल है। जिसे हम स्वीकार नहीं कर पा रहे।

विचारों को पोषक कल्पनाओं का आहार नहीं दिया गया हो, सुंदर कल्पनाओं का श्रृंगार प्राप्त न हो, तो विचार दूषित होने आरंभ हो जाते हैं। केवल अध्ययन पूर्ण करने के लिए किताबों का उपयोग मत करो। अध्ययन के साथ-साथ अच्छे विचारों के संग्रह के लिए भी किताबों की सहायता प्राप्त करो। **किताबें ऐसी मित्र हैं, जो जीवन भर ईमानदारी से हमारा साथ निभाने के लिए प्रतिज्ञाबद्ध हैं** और यह हमारी गरिमा के सिंहासन पर विराजमान होने के लिए उत्तरदायी हैं। इस सिंहासन पर विराजमान होने के बाद यह हमारे लिए कटप्पा की तरह निष्ठावान हो जाती हैं। हम किसी भी मार्ग का चयन क्यों न करें। किताबें सबसे अच्छी मार्ग दर्शक होती हैं। आज के इस आधुनिक युग में किताबों के विभिन्न रुप हैं और जानकारी तथा ज्ञान अर्जित करने के कई अन्य साधन उपलब्ध हैं। किन्तु, जिस प्रकार हम रोज पिज्जा खाकर अपनी भूख नहीं मिटा सकते या यह हमारे स्वास्थ्य के लिए हानिकारक है। उसी प्रकार, **उचित किताबों से दूर रहना हमारे विचारों के स्वास्थ्य के लिए लाभकारी नहीं है।** विचारों को सही आकार देना चाहते हो, बिना विज्ञापनों के विचार ग्रहण करना चाहते हो, एक ही विचार को सार्थक करना चाहते हो और उस विचार में लिन होने का अनुभव करना है, तो किताबों को अपना मित्र बनने दो। यह दुःख को कम करने और आनंद को अनुभव करने का मुख्य साधन है। किसी भी परिस्थिती से सकुशल बाहर निकाल लाने का मंत्र केवल किताबों में ही छुपा है। अतः उच्चता प्राप्त करने के लिए अपने जीवन में पुस्तक प्रेम को आदर्श स्थान दिजिए।

ऐसा नहीं है कि, हम उच्च विचारों को प्राप्त नहीं करते। हम अवश्य उच्चता के विचार को प्राप्त कर लेते हैं। किन्तु, इस विचार को बनाये रखने का संकल्प और इस विचार के लिए समर्पित होने का साहस नहीं करते। इसलिए, उच्चता का विचार हमारे मन में, आत्मा में उपस्थित तो होता है, किन्तु, केवल अपनी उपस्थिति दर्ज कराने के लिए। उच्चता का विचार अपनी उपस्थिति दर्ज कर लेने के बाद निष्क्रिय अवस्था को प्राप्त कर लेता है, और जब-जब इसके विषय में चर्चा होती है। यह अपना हाथ उठाकर 'उपस्थित हूँ' कहते हुए एकबार पुनः अपनी उपस्थिति दर्ज करा देता है। इस

कारण, हमें कभी भी उच्चता का शिखर स्पर्श करने का आनंद प्राप्त नहीं होता। हम केवल दूसरों के आनंद से आनंद अनुभव करते हैं और तालियाँ बजाने के लिए विवश होते हैं।

थॉमस वुडरो विलसन युनाईटेड स्टेट्स के अठ्ठाईसवें (28वें) राष्ट्रपति थे। उनके द्वारा यह प्रकट किया गया है कि, ''हम स्वप्नों के द्वारा बड़े होते हैं। सभी बड़े आदमी स्वप्नदर्शी होते हैं। वे चीजों को वसंत के दिन की नर्म धूंध में देखते हैं या लंबी सर्दियों की शाम की लालिमा में। हम में से कुछ लोग इन महान स्वप्नों को मर जाने देते हैं। लेकिन, दूसरे बुरे दिनों में इनका पालन–पोषण करते हैं। सूर्यप्रकाश या रौशनी के आ जाने तक, जो कि, सदा उनके लिए आती है, जो ईमानदारी से आशा करते हैं कि, उनके सपने सच होंगे।''

जब हम तालियों, सीटीयों और उत्तेजित आवाजों के मध्य होते हैं, तो उस अवस्था के एकदम सामने होते हैं, जिसकी कल्पना साधारणतः हम करते हैं। अब सबसे पहले इस अवस्था में हमें स्वयं को सहज रखना आना चाहिए और इन उत्साहवर्धक आवाजों के लिए अपनी कल्पना में हमें एक नायक का सृजन करना चाहिए। यदि हम दूसरों के प्रदर्शन के प्रशंसक बनने को तैयार हैं, तब ही हमें स्वयं के लिए प्रशंसा प्राप्त करना आसान होगा। यदि हम दूसरों की सराहना करते हैं, तो हमारे कार्य सराहनीय कहलाऐंगे। प्रशंसा प्रकृति की हो, प्रवृत्ती की हो या व्यक्ति की हमें इस गुण में निपुण होना चाहिए। साथ ही हमारी प्रशंसा शैली अपवादित नहीं होनी चाहिए।

यदि प्रशंसा केवल इसलिए की जा रही हो कि, प्रशंसा पाने वाला पद में, कद में ऊँचा है या किसी लाभ का अंश है तो, यह एक बनावटी प्रशंसा है। इस प्रकार की प्रशंसा को चापलूसी कहा जाना उचित है, न कि प्रशंसा। चापलूसी के विकार से सदैव सावधान रहिए। इस गुण से हम आगे तो बढ़ सकते हैं। लेकिन, यह गुण जिस दिन अपना असर छोड़ देता है अर्थात् जिस दिन हमारी चापलूसी का प्रभाव कम या खत्म

हो जाता है, उस दिन हम स्वयं को अकेला और मायूस पाते हैं। यह गुण हमें कभी भी ऊँचाइयों पर नहीं ले जा सकता।

सच्ची प्रशंसा वह है, जिसमें प्रशंसक आनंदित होकर आपके गुणों को प्रकट करे। सच्ची प्रशंसा वह है, जिसमें मिठास और प्रेम सहज ही नजर आ सके। जिस तरह नदी का साफ पानी अपनी कलकल की आवाज से सहज ही हमें आकर्षित करता है और हम इस सुंदर दृश्य का अनुभव प्रकट करते समय निरमल मन के भाव प्रकट करते हैं। यह एक सच्ची प्रशंसा है।

एक बहुत ही विचित्र गुण अधिकांश लोगों में बड़ी ही सरलता से देखा जा सकता है। वह है, किसी अन्य की बुराई या निंदा का गुण। यदि हम ध्यानपूर्वक किसी निंदक का अध्ययन करें, तो हम पाते हैं कि, वह निंदा करने के गुण में ज्यादा प्रबल है बजाय प्रशंसा के। ऐसे लोग एक नकारात्मक शक्ति का शिकार होते हैं और वे इस बात से अनभिज्ञ होते हैं कि, वे धीरे–धीरे एक विशैला वातावरण अपने चारों ओर निर्मित करने में लगे हुए हैं। जिसका परिणाम भयावह होता है। जब आप पूरी तरह से निंदक घोषित कर दिये जाते हैं, तो लोग आपसे कतराना आरंभ कर देते हैं और तब तक यह नकारात्मक शक्ति आपके मन और मस्तिष्क में स्थापित हो चुकी होती है। अतः ***स्वयं में प्रशंसा के भाव का सृजन करो और निंदा केवल प्रामाणिक हो तभी करो। बिना वजह किसी की निंदा का भार स्वयं पर मत ड़ालो।*** अन्यथा, यह भार आप पर ही भारी पड़ेगा।

निंदा के भी दो प्रकार होते हैं। यह समझना बहुत ही आवश्यक है। यदि हम निंदक को सदा गलत समझते हैं, तो यह भी हमारी भूल है क्योंकि, कभी–कभी निंदक हमारा उपहासकर्ता न होकर, हमारा हितेशी होता है और वह हमारे दोषों को उजागर कर रहा होता है। इसलिए नहीं कि, वह हमारी निंदा करना चाहता है। बल्कि, इसलिए कि, वह हमारे किसी विशेष दोष या कमी को समय रहते सुधारने में सहायक बन सके।

उदाहरण के लिए, यदि बचपन में या किशोरावस्था में हमें हमारी हस्तलिपी (हेंड राईटिंग) अच्छी न होने पर, कोई हमें यह बात कहकर बताये, तो वह हमारा निंदक नहीं है। बल्कि, वह शुभचिंतक है। ***यदि हमने शुभचिंतक और निंदक में फर्क करना नहीं सीखा तो भविष्य में हमारे कई निर्णय गलत हो सकते हैं और परिणाम विपरीत हो सकते हैं।***

एक विशेष बात ध्यान में रखिए : माता–पिता, परिजन कभी भी हमारे निंदक नहीं होते। वे शुभचिंतक होते हैं। इसलिए, उनके द्वारा गिनाये जाने वाले दोषों को निंदा के दायरे में रखना हमारी सर्वोच्च भूल है। शांत बैठकर हमारे प्रति की गयी किसी भी निंदा का सकारात्मक पहलू जानने का प्रयत्न हमें क्रोध, घृणा और ईर्ष्या से बचा सकता है। ये तीनों ही हमारे मन की शांति को भंग करने के बहुत ही प्रभावी तथ्य हैं। इन तथ्यों को स्वयं पर विजय न पाने देने का सफल प्रयास हमें करना आना चाहिए। यदि हम अभी से यह प्रयत्न करना सीख लें तो सफलता के मार्ग की तीन बड़ी बाधाओं को पार करना सीख लेंगे और हम निंदक को विरोधी न मान कर, सहयोगी मानना सीख लेंगे।

सिकुड़न बढ़ाओगे जो मन में,
पीड़ा पाओगे बस तुम ही।
रात के अंधेरों में गुम न हुए,
तो भोर सुनहरी पाओगे तुम ही।

मंद लगे जब सारी रौशनी
मन का दीप जलाओ यूँ ही।
आशाओं से इंधन लेकर
पथ पर बढ़ते जाओं यूँ ही।

सिकुड़न बढ़ाओगे

घोर नहीं, कुछ घनघोर नहीं,
हिम्मत का लोहा घना बहुत।
साहस से सांसों को भर लो,
हर द्वीप पर पहुँच पाओगे तुम ही।

निंदा के क्षण जब आ जायें,
निंदक को गले लगा लो तुम ही।
यह सोच समझ में आ जाये,
हर खेल जीत पाओगे तुम ही।

अर्थ : सिकुड़न अर्थात् छोटी सोच या संकोच यदि मन में अधिक है, तो हमें तकलीफों का सामना करना पड़ता है। इसलिए, अपने विचार उच्च बनाने का प्रयत्न करो। 'सब चलता है' के दायरे से बाहर निकलो। तभी प्रगति होगी। सुनहरी सुबह देखने को मिलेगी। जब निराशाएँ, ग्लानी या स्वयं से नाराजगी लगे, तब अपने मन में जलती हुई सफलता की लौ को तेज कर लो और पक्की उम्मीद रखो कि, सफलता आपके लिए भी है। यदि हम में हिम्मत और साहस है, तो परेशानियाँ कितनी भी कठिन क्यों न हो खत्म हो ही जाती है। यदि साहस है, तो एक तैराक बीच समुद्र से भी किसी द्वीप तक पहुँच सकता है। जब कोई हमारी निंदा करे तो उसकी निंदा के प्रकार को समझों और वह हमारी किस गलती की तरफ ध्यान आकर्षित कर रहा है, उसे समझकर मिटा लो। यदि यह समझ पाना आसान है, तो हर खेल हम जीत सकते हैं।

7. नये मार्ग पर समय व न्याय

यह बहुत ही दुःख की बात है कि, हम अपने किमती समय को कुछ न करते हुए व्यतीत करते हैं। हमें यह मान लेना चाहिए कि, यदि हमारे समय का हम स्वयं सही उपयोग नहीं करेंगे, तो दूसरे इसका दूरुपयोग करने से बाज नहीं आऐंगे या व्यर्थ के तथ्य हमारे विचारों को दूषित करने लगेंगे। इसलिए, स्वयं को सही दिशा में व्यस्त रखने के अभ्यस्त बनना हमारी प्राथमिकता होनी चाहिए। हम दूसरों के द्वारा चलाये जाने वाले खिलौने के रुप में स्वयं को क्यों विकसित होने दें। यदि हमारे पास हमारे ही कार्यों की सूची है, तो किसी और के अर्थहीन कार्यों में हमारे समय की भागीदारी होना संभव नहीं है। स्वयं में उपस्थित किसी भी गुण के निखार अथवा स्वयं में निहित किसी भी विकार को खत्म करने के लिए हमें अपने समय का उपयोग करना चाहिए। गुणों या विकारों पर ध्यान न देकर हम अपने भविष्य में आने वाली ग्लानियों के लिए द्वार खुले छोड़ रहे हैं। अतः आज के सारे 'क्यों' और 'कैसे' वाले प्रश्नों को हल करना आरंभ कर दो। जिससे कि, आगे चलकर हमें हमारा भूतकाल प्रश्नों का भंडार–सा न दिखायी दे।

यहाँ संभावनाएँ अपार है
जो तेरे लक्ष्य में तेज धार है,
कर ले मगन तू खुद को
जो तुझे लक्ष्य पाना स्वीकार है।

जला दे तू आलस्य को
अब यही समय की पुकार है,
कर निवेश तू हर संभावना
यह बुद्धिमानी, तेरा अधिकार है।

महसूस कर क्या गुजर चला
जो है पल, वो कल बेकार है,
चल बांध ले अब तू निरंतरता
पल–पल का यह व्यापार है।

अवसर की राह न संजोना तू
जीवन में जीत है, हार है,
आया, गया, क्या बाकी रहा?
देख हर दिन नया एक उपहार है।

अर्थ : इस संसार में संभावनाओं की कोई कमी नहीं है। यदि हमारे लक्ष्य की एकाग्रता दृढ़ है, हमने दृढ़ निश्चय किया है। लक्ष्य पाने के लिए लगन से एक सीढ़ी और ऊपर मगन होने की जरुरत होती है। समय के साथ चलने के लिए आलस्य को अपनी आदतों में कोई स्थान मत दो। अपने लक्ष्य को पाने का हर अवसर, हर संभावना को आज़माना बुद्धिमानी है और यह तुम्हारा अधिकार भी है। समय का महत्व पहचानों, बिना परिश्रम के बिता हुआ समय आने वाले कल के लिए बेकार है। इसलिए, निरंतर परिश्रम करना एक व्यापार है। यदि व्यापारी व्यापार बंद कर दे, तो जीवन चलाना कठिन होता जाता है। शुभ अवसर की प्रतिक्षा न करते हुए, जीत और हार से न ड़रते हुए, हर अवसर को झपट लो। यदि आज सफलता नहीं भी मिली है, तो अगला दिन फिर नई सुबह, नई उम्मीद लेकर आने वाला है।

जीवन में कभी भी सितारों, ग्रहों, ज्योतिष और भविष्यवक्ता पर विश्वास मत करना। हमारा मानना है कि, यदि हम आज की जिम्मेदारियों को आज पूरा कर पाते हैं और स्वयं को निरंतर सही दिशा में अग्रसर रखे हुए हैं तो, हमें कल अर्थात् भविष्य की चिंता नहीं करनी चाहिए। हमें सितारों, ग्रहों के फेर में न पड़ते हुए, ज्योतिषी तथा भविष्यवक्ता के चक्कर में न फंसते हुए, स्वयं को भविष्यकर्ता के रुप में विकसित करना

चाहिए। यदि हमें विश्वास है कि, "सितारों के आगे जहान और भी है।" तब हम नौ ग्रहों के पार अंतरिक्ष में झांकने का प्रयत्न करेंगे। यदि हम केवल नौ ग्रहों तक ही सीमित रहते हैं, तो अंतरिक्ष को जानने की जिज्ञासा का सृजन संभव नहीं।

हम यदि किसी फरिश्ते, देव या चमत्कार का इंतजार कर रहें हैं तो, इसे बाह्य संसार में खोजना हमारी सबसे बड़ी भूल हो सकती है। समय गुजर जाने के बाद हमें यह ज्ञान प्राप्त हो जाता है कि, व्यर्थ ही हम उलझे रहे। जिस तरह अनजान जीव, वस्तु या स्थान रहस्यमय प्रतीत होते हैं, उसी प्रकार अनुभव न होने तक चमत्कारों में रहस्य छुपा होता है। चमत्कार कभी भी बाह्य कारणों से नहीं होते। चमत्कारों के लिए अन्तर्शक्ति का प्रसार अनिवार्य है। अतः कारण चाहे जो भी हो, माध्यम चाहे जो भी हो, जब तक अंतः शक्ति का सृजन तथा विकास नहीं होता, तब तक चमत्कारों की अपेक्षा करना एक स्वप्न मात्र है।

कसौटियों पर जो उतरी ही नहीं,
वह धातु कुंदन कैसे कहलाऐगी?

जो माटी अग्नि में तप न ले,
वह आकारों में कैसे टिक पाएगी?

हमें स्वयं के प्रति उचित न्याय व्यवस्था स्वयं ही विकसित करनी चाहिए। अर्थात् हमें स्वयं को दूसरों के अनुसार गलत या सही कहा जाना स्वीकार नहीं कर लेना चाहिए। जब तक की आप स्वयं यह स्वीकार न कर लें कि, आप गलत हो, आप गलत हो ही नहीं सकते। लेकिन, इस वाक्य में छुपी बारीकी को समझना अनिवार्य हैं। यदि आप में सही और गलत का सूक्ष्म ज्ञान नहीं है, तो आप अपने भविष्य के साथ खिलवाड़ कर सकते हो। स्वयं का न्यायाधीश होने का जोखिम उठाना है। परंतु, यह कार्य तभी जोखिम भरा है, जब हम सही तथा गलत के मध्य फर्क करना नहीं जानते।

यदि हमें सही, गलत में फर्क आता है, तो हम स्वयं के न्यायाधीश बनकर उच्चता को पा सकते हैं। इतिहास गवाह है, हर महान व्यक्ति ने असफलताओं के बाद पुनः असफलताओं के आ जाने के बाद भी प्रयत्नों और अपने संघर्षों को जारी रखा और वे उस मुकाम पर पहुँचे, जहाँ उनके सपने सच हो सके। यदि वे सभी स्वयं के न्यायाधीश नहीं बने होते, तो असफलताओं से दो–चार मुलाकातों के बाद ही दुनिया की बात मानकर वे स्वयं को कमजोर और निक्कमा मानकर अपनी बारी का इंतजार खत्म कर देते और सामान्यता को सर झुकाकर स्वीकार लेते।

सामंजस्य के एक महान संत और सफलता के एक मूल दार्शनिक राल्फ वाल्डो एमर्सन एक अमेरिकी निबंधकार, व्याख्याकार और कवि थें। उनके विचारों से प्रेरित एक कथन समझ की सहजता को ध्यान में रखते हुए इस प्रकार है, ''सभी के लिए परिस्थितियाँ कभी एक–सी नहीं होती, अपने आस–पास की दुनिया को पहचानो तुम। वह सब कुछ तुम्हारे पास भी है, जो किसी भी महान व्यक्ति के पास होना चाहिए। यह अलग बात है कि, उसे जानने नहीं निकले और अभी तक उसे पहचान नहीं पाये हो तुम। स्वयं की खोज का दायित्व निभाओ तो सही, एकबार अनन्त में गोता लगाओ तो सही। जो तुम में छुपा है, वो मोती बाहर लाओ तो सही। मेरी प्रतिभा को उत्कृष्टता का अभिषेक करना ही है। बिन्दु दर बिन्दु, पंक्ति दर पंक्ति तुम्हें यह पाठ करना ही होगा। इसलिए, हर लहर पर जो टिक सके, ऐसी नाव बनाओ तुम। पवित्र विचारों की पतवारों से, इस नाव को चलाओ तुम। ***जितना सटीक तुम्हारा आत्मबल होगा, उतना ही सुनहरा तुम्हारा कल होगा।***'

हम स्वयं को न्यायप्रिय बना सकें, इसी संदर्भ में कुछ पंक्तियाँ प्रस्तुत है। हमें आशा है कि, किसी भी निर्णय और कठिन परिस्थिती में यह पंक्तियाँ हमारे न्यायाधीश होने की याद दिलाएगी और सही निर्णय के द्वारा हमारा सही मार्ग दर्शन करेंगी।

न्यायाधीश पंक्तियाँ :

परछाईयाँ अब, जब मुझे ढंकने को हैं,
सर से लेकर पैरों की उंगलियों तलक।
मुझे उचित न्याय की जरुरत भी है,
इस मोड़ से सकुशल आगे बढ़ने के लिए।

मरुस्थल में फंस चुका मुसाफिर हूँ मैं,
न कोई सुनता है, न मैं कह सकता हूँ।
हर मार को सह गया, जो वक्त ने दी,
स्वयं को न्याय दिला सकूँ इसके लिए।

परछाईयाँ अब

परिस्थितियाँ मुझसे मुँह मोड़कर बैठी हुई,
कोई मार्ग यह मुझको देती ही नहीं।
मैं माँगता था जब–जब इससे रिहाई,
बस दे रही थी, हर क्षण छटपटाने के लिए।

सही क्या, गलत क्या जानना आया मुझे,
इसी अंधकार ने था सब सिखाया मुझे।
लिये जो निर्णय मैंने न्यायाधीश बनकर,
खुलें हैं अब द्वार सुनहरे अवसरों के लिए........

अर्थ : यहाँ परछाईयों का तात्पर्य निराशा से है। जब गहरी निराशा मायूसी किसी असफलता से हमें प्राप्त होती है, तो वह हमें पूरी तरह अपने में समेट लेना चाहती है। उस समय हमें हमारे साथ उचित न्याय करना चाहिए, उस योद्धा की तरह किसके पास हथियार भी नहीं है, घाव भी बहुत हैं, वह लहू–लुहान भी है। मगर, हिम्मत और

जोश फिर भी बाकी है। जिसके सहारे वह इस कठिन मरुभूमी से बाहर आकर स्वयं को पुनः सक्षम बनाना चाहता है। फिर से एकबार युद्ध में उतरने के लिए। इस प्रकार की कठिन अवस्था में वह युद्ध क्षेत्र से भूखा–प्यासा बिना किसी सहारे के बाहर जाने की परिस्थिती को बता रहा है कि, जब–जब मैं रेंगता हुआ किसी दुश्मन की नजर में आ जाता, वह मुझे तीर से या तलवार से या घोड़ों की टाप से थोड़ा और जख्मी कर देता। इससे मुझे हर क्षण जख्मों के दर्द की और स्वयं को जीवित रखने की छटपटाहट सहन करनी पड़ी। इस प्रकार की परिस्थितियों का सामना करने के बाद मुझे सही और गलत में फर्क करने का उच्च ज्ञान प्राप्त हुआ। इन परिस्थितियों से गुजरने के बाद ही मेरे द्वारा लिये गये निर्णयों में मैं एक सच्चे न्यायाधीश की तरह निर्णय ले पाने में समर्थ हुआ। जिससे कि मैं पुनः युद्ध के मैदान में लड़ सका और मैंने विजय प्राप्त की।

समय सबसे बड़ा शिक्षक है। यह बात बड़े–बड़े ज्ञानी और विद्‌वान सहजता से स्वीकार करते हैं। लेकिन, एक सामान्य व्यक्ति इस तथ्य को केवल सुनता है और दूसरों को सुनाने के लिए अपने विचार संग्रह में एकत्रित कर लेता है। किन्तु, कभी भी इस तथ्य का सदुपयोग नहीं करता है। है न बड़ी ही अजीब–सी बात! यह तथ्य बहुत से लोग पूरे जीवन में कभी नहीं समझ पाते और संपूर्ण जीवन लक्ष्यहीन जिये चले जाते हैं। यह हमारा सौभाग्य है कि, हम उचित समय पर आपके साथ हैं और इस तथ्य से आपका परिचय करा पा रहे हैं। समय रहते अपना मार्ग सुनिश्चित कर हम समय की मित्रता के पात्र बने रह सकते हैं। अन्यथा, हमारे मार्ग भटक जाने पर समय पीछे मुड़कर हमारी प्रतीक्षा करने वाले मित्रों में से नहीं है। यह तो गलतियों की सजा भी देता है और गलतियाँ सुधारने का अवसर भी।

अभी आप अवसरों के द्वार पर खड़े हैं। यदि गलतियाँ हुई भी हैं, तो अभी भी देर नहीं हुई है। इन गलितयों को सुधार लिजिए और आने वाले समय को बेहतर बनाने की राह पर कदम बढ़ाते चलिए। 'जब जागो, तब सबेरा!' इस कथन का सकारात्मक

पहलू जीवन में परीवर्तन ला सकने में सक्षम है। यदि आज से आप में परिवर्तन और लगन का सृजन हुआ है, तो आज से उत्कृष्टता के लिए अपनी दौड़ को तेज कर दो। न केवल यह समय, बल्कि, आने वाला समय भी आपका है। आप ही भविष्य के महान नायक हो, यदि उम्मीदों के साथ लक्ष्य को भेद पाने का साहस आप करते हो और लगन में मगन होकर हर कठिनाइ को पार करने की क्षमता रखते हो।

याद रखिए : *निरुपयोगी अनुभव जीवन की बेशकिमती पूंजी का व्यय मात्र है। जबकि, उपयोगी अनुभवों में जीवन की सार्थकता का रहस्य विद्यमान है।*

8. नये मार्ग में नियम व चुनौतियाँ

हमारा शिक्षित होकर नौकरी करने का, व्यवसाय करने का आंकलन तब कम हो जाता है, जब हम एक अशिक्षित किन्तु, एक लक्ष्य भेदी व्यक्ति को सफलता के सोपान पर बड़ी ही आसानी से बढ़ते देखते हैं। तब कई बार हम विचलित हो जाते हैं और स्वयं से ही प्रश्न करने के लिए बाध्य हो जाते हैं। क्या हमने अपना अतीत सही गुजारा है? क्या हमारे निर्णय सही साबित हुए हैं? यदि उत्तर सकारात्मक नहीं हैं, तो पीड़ा होना स्वाभाविक है। इस पीड़ा में डूबने का कोई लाभ नहीं। समय की ड़ोर आपकी सफलता की पतंग को सहारा दे सकती है। आपकी सफलता की पतंग भी आसमान में आपके ईशारों पर लहराने को तैयार है। यहाँ जरुरत है, तो केवल आपके साहस को जगाने की और एकाग्रचित्त होकर अपने लक्ष्य की राह पर कदम बढ़ाने की। तकलीफ, परेशानी, दु:ख, दर्द, पीड़ा या अन्य कोई और नाम दे लिजिए। किन्तु, यह हमारे जीवन का एक हिस्सा हैं। यदि हम आँखें बंद कर लें, तो दुनिया में अंधेरा नहीं हो सकता। यह अंधकार केवल हमारे लिए हैं, केवल हमारा है। इसलिए, पीड़ा देने वाले क्षणों के लिए तैयार रहो और इससे प्राप्त अनुभवों का सकारात्मक पहलू खोजकर इसका उपयोग करो। यह आदत भविष्य में आपको बड़ी ही आसानी से दूसरों से अलग कर प्रतिष्ठा का भागीदार बना देगी।

प्रतिष्ठा प्राप्त कर लेना और प्रतिष्ठीत बने रहना। दो अलग–अलग बातें हैं। दूसरों के अंहकार को संतुष्ट करना और उनसे सम्मान प्राप्त करना एक अद्‌भुत कला है। इस कला में निपुण होने के लिए हमें विनम्रता और विस्तृत ज्ञान की अत्यंत आवश्यकता होती है। हम चाहे किसी भी समूह का हिस्सा बनें, यदि हम में दूसरों के अहंकार को संतुष्ट कर अपने तथ्य मनवा लेने का लक्षण नहीं है, तो हम अधिक समय तक सम्मान के या उस समूह की सदस्यता के हकदार नहीं रह सकते। अहंकार हर मनुष्य के जीवन का एक अभिन्न अंश है। हर व्यक्ति में अहंकार का भाव अवश्य होता है, किसी में कम तो किसी में ज्यादा। यदि हम दूसरों के अहंकारी भाव को संतुष्ट करने में

सफल होते हैं, तो सामने वाला व्यक्ति हमारी कही हुई बात पर ध्यान देता है और उस बात को समझकर अपनी स्वीकृती दे देता है।

उदाहरण : यदि हमें आधे दिन की छुट्टी चाहिए या किसी कारणवश जल्दी घर जाना है, तो कक्षा अध्यापक जी और प्राचार्य जी की स्वीकृती की जरुरत पड़ेगी। यदि कक्षा अध्यापक हमारे प्रशंसक हैं, तो भी हमें प्राचार्य जी के अहंकार को संतुष्ट किये बिना छुट्टी मिल पाना संभव नहीं है। अब हमारे द्वारा प्रस्तुत किये जाने वाला कारण और कारण बताने का सही तरीका ही प्राचार्य जी के अहंकार को पूर्णतः संतुष्ट कर सकेगा और तभी हमें छुट्टी की अनुमति प्राप्त होगी।

यदि इसी प्रकार हम अन्य लोगों के सम्मान, पद और गरिमा के अहंकार को संतुष्ट करने की कला में निपुण हो सकें, तो हमारी प्रतिष्ठा को कभी ठेस नहीं पहुँच सकती।

हमारे शब्दों की चयन शैली, हमारे द्वारा विचारों को प्रस्तुत करने का तरीका, हमारे चेहरे, आँखों, भवों और शारीरिक भाषा का हमसे मुलाकात करने वाले या हमें सुनने वाले पर सबसे अधिक और जोरदार प्रभाव पड़ता है। यदि किसी से कोई बात मनवा लेनी है, या हमें अपना काम करवाना है, तो इसके लिए हमें विषय विशेष में सटीक ज्ञान की आवश्यकता पड़ती है। हमें जीवन के किसी भी क्षेत्र में बहुत से कामों के लिए दूसरों पर निर्भर रहना होता है। यदि हम पहचान और पैसों के द्वारा किसी क्षेत्र में अपना काम करा लेने में सक्षम हो भी जायें, तब भी जीवन में ऐसे कई क्षेत्र हैं, जहाँ हमारी पहचान या हमारे पास उपलब्ध धन किसी काम को दूसरों से करवा लेने के लिए प्रर्याप्त नहीं है। अतः हमें अपनी भाषा शैली, विनम्र व्यवहार और उचित शब्दों के ज्ञान की आवश्यता पड़ने ही वाली है। तो क्यों न, हम इस कला को अभी से संवारना आरंभ कर लें। ताकि, भविष्य में इसकी आवश्यकता पड़ने तक हम इस कला में पारंगत हों।

स्वयं में सुधार के तीन नियम हैं, जो हमें जीवन में सदैव सहायक हैं :

1. कम से कम दो या दो से अधिक भाषाओं का विस्तृत ज्ञान आज के आधुनिक युग में अन्यंत आवश्यक है। (जैसे भारत में, हिंदी और अंग्रेजी। इसके साथ–साथ हमारी प्रादेशिक भाषा या क्षेत्रिय भाषा।) भाषा का विस्तृत ज्ञान हमें दूसरों के मध्य सहज बनाता है और हम किसी भी व्यक्ति के द्वारा कही जाने वाली बात पर एकाग्र होकर उसका सार पा सकते हैं। अन्यथा, भाषा ज्ञान की कमी होने पर विचलित कर देने वाले शब्द हमारी एकाग्रता को भंग करते हैं और हम कही गयी बात का सही अर्थ नहीं जान पाते। इसके बाद हमारे निर्णयों में या किये गये कार्य में अधूरापन नजर आता है।

2. ज्ञान को खरीदने का प्रयास कभी मत करो। यदि हम स्वयं ज्ञान ग्रहण करने की तैयारी में नहीं हैं, तो केवल दिखावे या मित्रों की संगत में कोचिंग क्लासेस, इनस्टीट्युट आदि में परिजनों का धन व्यर्थ गँवाना उचित नहीं है। क्योंकि, ***केवल पैसा खर्च करने से ज्ञान नहीं प्राप्त किया जा सकता।*** इस प्रकार हम समय तथा धन दोनों का ही नुकसान करते हैं।

3. हमें विनम्रता को स्वीकार लेना चाहिए। यदि हम विनम्र हैं, तो सामने वाला व्यक्ति कोई भी हो। चाहे वह हैसीयत में हमसे कम हो, हमारे आधीन हो, उससे हमारा कोई वास्ता न हो, हमारे लिए किसी काम का न हो, तब भी हमारी विनम्रता हमारे व्यवहार में नजर आनी चाहिए।

याद रखिए : यदि उद्दंडता हमारे स्वभाव में है, तो क्रोध के क्षण हमारी सारी उद्दंडता को उगल देते हैं। हम क्रोध में अपने वास्तविक रुप में नजर आने लग जाते हैं। यदि यह रुप भयावह है, तो हमें स्वयं अपना इलाज करना आरंभ कर देना चाहिए क्योंकि, बोले हुए शब्द वापस नहीं लिये जा सकते और किसी की भावनाओं को ठेस

पहुँचाकर आप उससे अपनी बात नहीं मनवा सकते। जिस प्रकार समुद्र नीचे की तरफ होने से वर्षा के द्वारा छोटी–छोटी धाराओं से बनने वाली सभी पहाड़ी प्रवाहों का सम्मान पाता है, क्योंकि सभी नदियाँ समुद्र तक चल कर आती हैं और इन नदियों के प्रवाह के समुद्र में विलीन हो जाने का अर्थ है कि, समुद्र का प्रभुत्व सदा ही उपस्थित है।

स्वयं के लिए ज्ञान के द्वार को खटखटाओ। जब हमारे परिजन हमारी तरक्की के लिए सहायक हैं तो, इस सहायता का पूर्ण लाभ लेना सीखो। लाभ लेना सीखो लोभी या लालची मत बनो। किशोरावस्था में एक बहुत ही प्रबल बल हमारे साथ होता है। जिसका उपयोग हमें शिखर का मार्ग दिखाता है। किन्तु, इस बल का दुरुपयोग हमें नरक के मार्ग पर ले जाता है। इस बल को साधारणतः 'जोश' कहा जाता है। ***जोश के शरबत में यदि होश का ठंडा पानी मिला दिया जाये, तो एक शीतल पेय तैयार हो सकता है। यह पेय दुनिया की हर प्रतियोगिता में हमारे लिए ऊर्जादायी साबित होता है।*** यदि जोश को संयम का ज्ञान है, तो आपके कार्य नृत्य करते नजर आते हैं और इस नृत्य की सुंदरता दूसरों को आकर्षित होने के लिए मजबूर कर देती है। जब आपके जोश में संयमता के साथ अथक प्रयासों का समावेश होता है, तो आप नृत्य सम्राट अर्थात् किसी क्षेत्र के ज्ञाता कहलाते हो। इस जोश में एक अद्‌भुत शक्ति है, जो हमें नकारात्मता की तरफ ले जाये तो नरक में ले जाकर छोड़े और यदि उचित मार्ग दर्शन में सकारात्मक हो जाये तो स्वर्ग के द्वार खोल ले।

नर्तकियाँ हैं, अगर यह इन्द्रियाँ, तो चलों हम इन्हें नचा लें।
कमजोर पड़े हम जो अगर, कहीं हमको ही न ये नचा दें।

अपने जोश–जूनून को हम, इनके संग ही मिला दें।
सातों रंग का एक इन्द्रधनुष–सा, जीवन को बना लें।

नर्तकियाँ हैं

भावावेश को संयम की, धानी चुनरिया पहना दें।
अपने कौशल्य के नृत्य से, चलो सबको मंत्रमुग्ध बना दें।

अर्थ : यहाँ इन्द्रियों को प्रतिभावान नृत्यांगनाओं के रुप में दर्शाया गया है। जिनकी प्रतिभा से हम परिचित हैं। यदि इनका उपयोग सही दिशा में ना किया जाये, तो यह गलत दिशा में हमें अवश्य ले जा सकती हैं। यदि हमारी किशोरावस्था का जोश इन्द्रियों के नियंत्रण में मिला दिया जाये, तो हम उपलब्धियों के अलग–अलग रंगों से इन्द्रधनुष के समान मोहक और सभी की नजरों को आकर्षित करने वाले बन सकते हैं। ***भावावेश अर्थात् क्रोध या गुस्से पर संयम हो, तो हमारा जोश सुंदर हो सकता है और इस सुंदर जोश के साथ जब हम अपनी प्रतिभा (कौशल्य) का प्रदर्शन (जिसे यहाँ नृत्य कहा गया है।) करते हैं, तो हमारा प्रदर्शन सभी को सम्मोहित कर देता है।***

हम यदि प्रतिभा या कौशल की बात करते हैं, तो हमारी आँखों के सामने एक प्रतिभावान व्यक्ति की छवी उभर आती है। जैसे : यदि हिन्दी के लेखकों की प्रतिभा की बात की जा रही हो, तो मुंशी प्रेमचंद जी, महादेवी वर्मा जी की कविताएँ, श्री हरीवंश राय बच्चन जी, आदि की तस्वीरें हमारी आँखों के सामने सहज ही आ जाती हैं। इसी प्रकार यदि नासा के विषय पर बातचीत हो रही हो, तो एक भारतीय होने पर कविता चावला जी का स्मरण बड़ी ही सरलता के साथ किया जा सकता है। यह हमें सिखाया नहीं जाता। यह हमारा देश प्रेम हमें सिखा देता है कि, हम हमारे देश की उपलब्धियों में सहायक व्यक्तियों को जानकर पहचानकर अपनी स्मरण शक्ति में सदा के लिए उन्हें स्थान दें, समाहित कर लें और आवश्यकता पड़ने पर सहज ही इनसे जुड़ी जानकारी प्रदान करने में सक्षम रहें।

प्रतिभा या प्रतिभावान व्यक्ति के विषय पर चर्चा होने पर हम जिन प्रश्नों का सामना करते हैं। वे प्रश्न किसकी प्रतिभा, कौन प्रतिभावन है, इस प्रकार के होते हैं। लेकिन, यहाँ महत्वपूर्ण यह है कि, हम यह जाने कि, प्रतिभा क्या है।

प्रतिभा क्या है?

एक व्यक्ति द्वारा स्वयं में छुपी किसी कला या गुण की खोज कर लेना और उस कला या गुण के प्रति स्वयं को समर्पित कर देना। इस समर्पण में निष्ठापूर्वक, लगन के साथ उस व्यक्ति द्वारा अनगिनत असफलताओं की परवाह न करते हुए परिश्रम, प्रयत्नों, प्रयासों, से अपनी कला या गुण को उत्कृष्टता की ओर ले जाना, सही मायनों में प्रतिभा है।

प्रतिभा प्रदर्शन क्या है?

प्रशंसकों या आलोचकों की गिनती न करते हुए, जो आप में कला या गुण आपने खोज लिया है, उसको दूसरों के सामने बिना संकोच किये प्रस्तुत करना ही प्रतिभा का प्रदर्शन है। यदि, हम प्रशंसा की उम्मीद के साथ प्रदर्शन करते हैं, तो यह प्रदर्शन हमारा अंतिम प्रदर्शन भी हो सकता है। केवल वही व्यक्ति प्रतिभा प्रदर्शनों में सफल होता है, जिसे आरंभ में प्रशंसाओं का लोभ न हो। क्योंकि, लोभ, लालच यह तो नकारात्मक ऊर्जा प्रदान करते हैं। अतः स्वयं को सकारात्मक बनाइए। किसी भी प्रकार के लोभ या लालच से रहित प्रदर्शन ही सच्चा प्रतिभा प्रदर्शन है।

अब हम कई प्रश्नों के उत्तर सहज ही पा सकते हैं। जैसे : प्रतिभावान कौन होता है, क्यों कोई व्यक्ति बार–बार प्रथम आता है, हमें प्रतिभावन होने के लिए क्या–क्या उपाय करने चाहिए, प्रतिभावान होने का हमारे जीवन में क्या महत्व है, इत्यादि।

प्रतिभावान होना किसके लिए और क्यों आवश्यक है?

प्रतिभावान होना उनके लिए आवश्यक है, जो जीवन जीना चाहते हैं, इसे घसीटना नहीं चाहते। प्रतिभावान होना इसलिए आवश्यक है क्योंकि, प्रतिभाहीन जीवन सामान्यता या उससे भी नीचे किसी दलदल का मार्ग हैं।

प्रतिभावान होने का क्या लाभ है?

अपनी प्रतिभा पर ध्यान केन्द्रित करना, स्वयं को निखारने का सबसे सरल उपाय है। इस प्रतिभा का प्रदर्शन करना, स्वयं को डरपोक न बनने देने का एक बहुत ही सहज माध्यम है। अपनी प्रतिभा का सुंदर प्रदर्शन करना, परिश्रमी होने का प्रमाण है। दूसरों से प्रंशसा और स्नेह पाने के लिए यदि हम उदार नहीं हैं तो, यह जीवन व्यर्थ है और दूसरों को परिश्रमी व्यक्ति ही पसंद आते हैं। ये दूसरे आपके माता–पिता, भाई–बहन, पड़ोसी, मित्र, सगे–संबंधी, शिक्षक, दर्शक, फॅन्स, पुरस्कार या अवार्ड देने वाले या हमें पूरी दुनिया में प्रसिद्धी दिलाने वाले कोई भी हों। सभी को केवल एक और एक ही प्रकार के व्यक्ति पसंद हैं ''परिश्रमी''।

''**बिना उपयुक्त कमाई के, बिना घर बनाए, बिना अच्छे कपड़ों के रहने वाला भिखारी भी यदि उद्देश्यपूर्ण परिश्रम करने से मना कर दे, तो उसे भी भूखा रहना पड़ेगा।**''

प्रतिभावान होने का सबसे सुंदर और महत्वपूर्ण लाभ यह है कि, यह हमें अपने लक्ष्य का ज्ञान करा देता है। हमें अवसरों का पता मालूम होता है, हम अपने परिश्रम को दिशा दे चूके होते हैं। हम हजारों, लाखों की भीड़ से अलग हो चुके होते हैं। हमारे पास एक सुंदर उद्देश्य होता है।

मित्रों! ***अपनी ऊर्जा को व्यर्थ मत करो। अपनी दूरदृष्टि का एक निश्चित केन्द्र स्थापित करो। अपने सकारात्मक वेग में कमी मत आने दो। स्वयं को उपलब्धियों का स्वामी बनने में सहायक बनो। प्रशंसाओं के लिए त्याग को अपनाओ। स्वयं के मित्र बनो।***

स्वयं में रातों–रात एक बहुत ही बड़ा परिवर्तन लाना किसी भी प्रकार संभव नहीं हैं। यहाँ परिवर्तन आपके बालों के रंग बदलने, दाढ़ी–मुँछ कटवाने, सुंदरता की क्रिम पोत लेने या अलग तरह की वेशभूषा पहनने से बिल्कुल नहीं है। यदि एक बड़ा

परिवर्तन हमें अपनी काया (शरीर) को सुंदर बनाने का करना हैं, तो अलग–अलग व्यक्ति के लिए अलग–अलग नियम होंगे। परंतु, कुछ नियम सभी के लिए समान भी होंगे। यदि सभी अपने नियमों का पालन सही तरह से करते हैं, तो सभी, कुछ समय के बाद एक जैसे दिखने लगेंगे अर्थात् सुंदर तथा आकर्षक दिखने लगेंगे। इसका अर्थ यह हुआ कि, हमें सुंदर शरीर बनाने के लिए समय, मेहनत तथा पैसा या पसीना खर्च करना होता है। इसी प्रकार, ***सुंदर व्यक्तित्व पाने के लिए भी हमें परिश्रम, लगन, ईमानदारी, निष्ठा, त्याग, आदि को स्वीकार करना होता है।*** हमें यहाँ समय और सुंदरता में सीधा–सीधा संबंध नजर आता है। यदि समय दिया गया है, तो सुंदरता है और जिस प्रमाण में समय दिया गया है, उसी प्रमाण में सुंदरता है। किसी–किसी को सुंदरता विरासत में प्राप्त होती है। चाहे वह देह की सुंदरता हो या व्यक्तित्व की। किन्तु, इस विरासत को सम्भालकर रखना, हमारे गुणों में विकास की आवश्यकता को दर्शाता है। इसलिए, 'समय के साथ विकास' यही हमारे जीवन का अमूल्य मंत्र होना चाहिए।

हम विशेष रुप से यहाँ आपका ध्यान खुशी और दुःख पर लाना चाहते हैं। खुशी और दुःख हमारे बनाये हुए या हमारे स्वयं की अनुमति के पालन कर्ता होते हैं। सरल शब्दों में खुशी या दुःख के भाव हमारे दास होते हैं। हम इन्हें जैसा आदेश देते हैं, ये वैसे ही हमारे सामने प्रकट होते जाते हैं। हम खुश रहना चाहते हों, तो अकेले, सुनसान, विरान स्थान पर भी खुशियाँ उपस्थित हो जाएगी। यदि हम दुःखी रहना चाहते हों, तो किसी शादी के समारोह में संबन्धियों के साथ ड़ांस फ्लोर पर भी दुःखी नजर आ सकते हैं। यह एक बड़ा ही विशेष विषय है कि, हम प्रदर्शित क्या करना चाहते हैं। स्वयं को खुश दिखाना चाहते हैं या स्वयं को दुःखी कहलाना चाहते हैं। हमने आपसे परिस्थितियों की बैसाखियाँ पहले ही छीन ली हैं। इसलिए, अब आप इसका सहारा नहीं लेंगे। यदि स्वयं को खुश दिखाना है या स्वयं को खुश रखना चाहते हो, तो हर चोट को जल्द से जल्द भूल जाओ। हर जख्म को जल्द से जल्द

भरने की कोशिश करो। स्वयं को दु:खों के पिंजरे में कैद मत रहने दो। खुशियों की आज़ाद जमीन पर उड़ने के लिए स्वयं को सदा तैयार रखो।

उदाहरण : वार्षिक परीक्षा खत्म हो जाने के बाद, सभी दोस्तों ने मिलकर एक विशेष स्थान पर जाकर पार्टी करने की योजना बनाई। सभी ने घरवालों से परमिशन माँगी। किसी को परमिशन मिली और कोई बिना बताये ही आने को राजी हो गया। एक मित्र ऐसा भी था, जिसे उसके माता–पिता ने इस पार्टी में जाने से साफ मना कर दिया था। सभी ने सोचा बेचारा 'जॉन' हमारे साथ मजे नहीं कर पाएगा। उस बेचारे जॉन के अलावा सभी मित्र पार्टी करने गये और ढ़ेर सारे किस्से उस पार्टी के उनके पास थे। सेल्फी, स्टोरी, फेसबुक, इन्सटाग्राम, ट्वीटर, इमो, ईमेल, मोबाईल ऍल्बम सभी जगह उस पार्टी की कहानियाँ दोस्तों ने छाप रखी थी। अब मजे की बात यह कि, जो एक अकेला मित्र जॉन नहीं गया था। उसे इन सबसे कोई तकलीफ नहीं थी, वह किसी भी प्रकार की शिकायत या पछतावा नहीं कर रहा था। वह सभी मित्रों से पार्टी की कहानियाँ सुनता और उनके साथ हंसकर हर किस्से को एन्जॉय करता। यह देखकर, दूसरे दोस्तों ने पूछना आरंभ किया, ''क्यों मित्र तुझे बुरा नहीं लग रहा? तू हमारे साथ पार्टी में नहीं आया था? हमारे साथ एन्जॉय नहीं कर सका?'' इन प्रश्नों के उत्तर में जॉन मुस्काराकर कह देता, ''बुरा तो लगा था। लेकिन, मैं फिर भी खुश था।'' यह सुनकर सभी हैरान थे। फिर, नये प्रश्न सामने आये, ''हमारे साथ पार्टी में न आकर भी वह खुश था, यह कैसे संभव है?'' किसी मित्र ने आखिर पूछ ही लिया, ''भाई, तू दोस्तों के साथ पार्टी में न जाकर भी उनके साथ उतना ही खुश नजर आता है, उनके हर किस्से को बड़े ही प्यार से सुनता है। तुझे गुस्सा क्यों नहीं आता?'' जॉन ने इस बार भी मुस्कुराकर कहा, ''मैं मित्रों के साथ न होने पर अकेला था, और मैंने स्वयं से एक प्रश्न पूछ रखा था। जब मैं अकेला था, तब मैंने उस प्रश्न का उत्तर खोजने का प्रयत्न किया और शायद मुझे जवाब मिल गया। इसलिए, मैं उस समय के लिए खुश हूँ, जो तुम लोगों ने साथ बिताया और मैंने अकेले।''

उसकी बात सुनकर जॉन के सारे मित्रों में खलबली मची हुई थी कि, ऐसा कौन–सा प्रश्न था जो 'कट्प्पा ने बाहुबली को क्यों मारा' जैसा विस्मयकारी है? आखिरकार, जॉन को घेरा गया। एकबार फिर सभी मित्र एक स्थान पर एकत्रित हुए और उन्होंने जॉन से पूछा, "वह प्रश्न क्या था, जिसने तुझे हमारे साथ न होने पर भी खुश रखा? चल बता।"

जॉन ने बड़े ही शांत भाव से सभी की तरफ देखा और बहुत ही सहजभाव से कहा, "मैं कौन हूँ? शायद इस प्रश्न का जवाब मुझे उस दिन मिल गया था।"

यह सुनकर, कुछ मित्र हंस पड़े, कुछ ने जॉन का उपहास किया, कुछ ने जॉन को समझा और किसी एक मित्र ने जॉन की कही हुई बात को समझ लिया। अगली बार जिस मित्र ने जॉन की कही हुई बात को गहराई से समझ लिया था, वह उन मित्रों के साथ अब पार्टीयों में नजर नहीं आता।

"जिस दिन आप वास्विकता को समझ लोगे, उस दिन के बाद से आपको अपने आप से स्नेह और व्यर्थता (समय और धन की बर्बादी) से परहेज होना सौ प्रतिशत संभव है।"

हम ऐसे कई लोगों से मिलते हैं, जिन्हें बहुत आगे जाकर मार्ग भटक जाने की जानकारी प्राप्त होती है और वे गलत मार्ग की जानकरी होने पर भी उस भटके हुए मार्ग को अपना भाग्य बताकर पूरी उम्र उसी मार्ग पर कुछ भी न बन पाने के लिए स्वीकार कर लेते हैं।

क्या आप जानते हैं? उन सभी भटके हुए मुसाफिरों के भटक जाने की शुरुआत किशोरावस्था में ही हुई थी। जी हाँ, ***मार्ग का गलत चुनाव ही भटकने की प्रथम सीढ़ी***

होता है। यदि हम में जोश है, जुनून है, संयम है, धैर्य है, उम्मीदें हैं, लक्ष्य है, लेकिन, दिशा सही नहीं है, तो सब व्यर्थ है। यदि मार्ग सही नहीं है तो ....

आकर्षण अपना प्रभाव पूरे जीवन बनाये रखता है। बाल्यवस्था में खिलौनों, अच्छे कपड़े, चॉकलेट, आदि वस्तुएँ आकर्षण का केन्द्र होते हैं। इसके बाद, किशोरावस्था में गाड़ियाँ, मोबाईल, घड़ियाँ, ...आदि। यदि हम किसी साधारण मनुष्य के पूरे जीवन का ध्यानपूर्वक अध्ययन करें, तो हम पाएँगे कि, उसके आकर्षण का केन्द्र सदा ही बदलता रहा है। यह बदलाव, उसकी उम्र, अनुभव, महत्वाकांक्षाओं और जरुरतों के अनुसार रहा है। वह साधारण व्यक्ति एक ऐसे आकर्षण का प्रतीक है, जो उसे नियंत्रित कर रहा था। लेकिन, यदि हम एक ऐसे व्यक्ति के विषय में विचार करें, जिसके आकर्षण का केन्द्र वह नियंत्रित करता रहा है और उसने समय के अनुसार इस आकर्षण को बदलने की बजाय इस आकर्षण की तिव्रता को बढ़ाया है, तो हमारे सामने एक विशेष, प्रतिभावान, गुणवान व्यक्ति का प्रतिबिंब उभरकर आता है। अर्थात् आकर्षण एक शक्ति है, जिसे हमें नियंत्रित करना आना चाहिए। हम इसे केवल तभी नियंत्रित कर सकते हैं, जब हमें यह मालूम हो कि, हमें जाना किस दिशा में हैं। यह बिल्कुल वैसा ही है, जैसे कि, जमीन से हजारों फूट की ऊँचाई पर एक विमान में आपको चालक की सीट पर बैठा दिया जाए और केवल आपको छोड़कर बाकी के सभी लोग पेरॉशुट पहनकर उस विमान से कूद जायें। अब केवल आपकी जानकारी, सामर्थ और निर्णय ही तय करेंगे कि, आप सही सलामत जमीन पर उतरते हैं या नहीं। इसमें सदा के लिए हवा में रहने का विकल्प उपलब्ध नहीं है। क्योंकि, ईधन की सीमा इस विचार का विरोध (आप चाहो या न चाहो।) अवश्य करेगी।

मित्रों! जीवन को समझने का इससे अधिक उचित उदाहरण और क्या होगा। चलिए, एकबार आपके अनुसार इसे समझते हैं। किशोरावस्था में हम पर घर की, घर चलाने की या किसी आर्थिक सहयोग की जिम्मेदारी नहीं होती। अर्थात् हम हवा में भ्रमण कर रहे होते हैं। जो चाहा मिल गया, जैसा लगा, वैसा समय व्यतित किया या दूसरे शब्दों में हम मन के राजा होते हैं। लेकिन, समय के ईधन की सीमा होती है।

जीवन भर ऐसा संभव नहीं है। एक दिन हमें जीवन के विमान की सीट पर बैठा दिया जाता है और हमें हमारे निर्णयों तथा सामर्थ के सहारे छोड़कर हमारे सभी हितेशी एक–एक करके उस विमान से कूद जाते हैं। ताकि, हम स्वयं को सिद्ध कर सकें। स्वयं जीवन के विमान को उड़ा सकें और इसे कुशलता पूर्वक उड़ाना सीख जायें। अब जिन्हें उस दिन का अनुमान पहले से लग जाता है, वह अपनी तैयारियाँ अच्छी तरह से करते हैं और जो समय आने पर देखा जाएगा सोचते हैं, वे अपने विमान को सम्भालते समय ड़रे हुए, विचलित–से या सहमे–सहमे होते हैं और ईधन की समाप्ति के दबाव में आकर विमान को किसी भी अनजान दिशा में ले जाते हैं। इसके परिणाम, अधिकतर दुःखद होते हैं।

9. नये मार्ग के रहस्य

किसी व्यक्ति के सफल होने का रहस्य उसकी जीवन–शैली में छुपा होता है। हर बात पर बहस, हर व्यक्ति से उलझना, बेवजह के मुद्दों पर चर्चा करना और आधारहीन कार्यो में अपना समय लगाना। यह सभी बातें एक सफल व्यक्ति से बहुत दूर होती हैं। क्योंकि, वह सफल व्यक्ति इस प्रकार की जीवन–शैली के नुकसान बहुत पहले ही जान गया था। इसलिए, ***सफल व्यक्तियों की जीवन–शैली में अपने कार्य के प्रति लगन, निष्ठा और एकाग्रता सहज ही नजर आती है। उनकी बातों में संयम, विनम्रता और उद्देश्य की दिशा निर्धारित होती है।*** हो सकता है कि, समय के एक छोटे–से अंतराल में हमें कोई सफल व्यक्ति भी थका हुआ, निरुत्साही या बहुत परेशान दिखाई दे। लेकिन, सफल व्यक्तियों के स्वभाव में इन सब से लड़कर आगे बढ़ने का गुण बहुत ही लाजवाब है। जो चिंताओं में डूब जाते हैं और केवल परेशानियों का मनन करते रहते हैं, वे सफलता से दूर होते जाते हैं। इसलिए, अपनी जीवन–शैली में अर्थपूर्ण कार्यों की व्यस्तता, उन कार्यों को सफलतापूर्वक पूर्ण करने की एकाग्रता और उत्तम परिणामों के प्रति मनन की आदत को अपनाना अनिवार्य है। इसके लिए, हमें समय प्रबंधन के गुण को बेहतर तरीके से जानना बहुत ही आवश्यक है।

समय प्रबंधन : सभी के पास एक दिन में उपलब्ध तय समय होता है। केवल समय प्रबंधन में कुशल और ईमानदार लोग ही अपने कार्यों को सफल बना पाते हैं।

समय प्रबंधन में सबसे बड़ी बाधा हमारी नींद होती है। यह समय के सारे प्रबंधन को बिगाड़ती रहती है। यदि हमारे सोने और उठने के समय का सही नियम हो और नींद पर हमारा नियंत्रण हो और हम इसे अपनी जीवन–शैली का एक अभिन्न हिस्सा बना सकें, तो एक शानदार जीवन के लिए यह हमारी सबसे पहली सीढ़ी है।

➢ क्या हमारे राज्य में एक ही समय पर दो मुख्यमंत्री हो सकते हैं?

➤ क्या हमारे राष्ट्र में एक ही समय पर दो प्रधानमंत्री या राष्ट्रपति हो सकते हैं?

जवाब है, नहीं। इन प्रश्नों का उत्तर कठिन नहीं है। लेकिन, राजनैतिक वातावरण की दुविधाओं का सामना करते हुए, पूरे राज्य का या पूरे राष्ट्र का नेतृत्व करना कठिन कार्य है।

क्या हमारे देश के प्रधानमंत्री, राष्ट्रपति, मुख्यमंत्री इस एकमेव पद की गरिमा को सम्भालने के लिए अपनी इंद्रियों को वश में कर लेने के गुण में कुशल नहीं होंगे? अवश्य हैं। जी हाँ, यदि एकमेव पद तक पहुँचने का लक्ष्य है और उसे सफलता पूर्वक संभालने का स्वप्न हम देखते हैं, तो अपनी इंद्रियों को नियंत्रित करना हमें आना ही चाहिए। जिसमें नींद सबसे पहले स्थान पर है। एकमेव पद पर पहुँचने से बहुत पहले ही एक सफल व्यक्ति अपनी जीवन-शैली को सुंदर बनाना आरंभ कर देता है और उस पद पर अपनी जीवन-शैली के प्रभाव से सुंदर नजर आता है।

विशेष : "आठ घंटों की नींद बच्चों के लिए उचित है। छः घंटों की नींद समान्यता के लिए सही है और केवल चार घंटों की नींद की आदत उत्कृष्टता की पहचान है।"

समय प्रबंधन की दूसरी बाधा है, 'एकाग्रता'। यदि हमारी एकाग्रता कमजोर है अर्थात् एक विषय पर हमारा ध्यान लगातार नहीं बना रह पाता है, तो हमें उस विषय को समझने में समय अधिक लगेगा। इससे, दूसरे विषयों के लिए तय किया गया समय कम हो जाएगा और हम सही समय प्रबंधन के क्षेत्र में पीछे रह जाएँगे। अतः हमें अपनी एकाग्रता की शक्ति को जानना और उसे प्रबल करना एक महत्वपूर्ण कार्य है।

समय प्रबंधन की तीसरी बाधक शक्ति है, 'प्राथमिकता'। यदि हमने प्राथमिकता के क्रम को सही तरह नहीं समझा है, तो इस क्रम के फेर-बदल करने पर हमें समय के

नुकसान को सहन करना पड़ता है। उदाहरण : यदि हमें प्लेन से यात्रा करनी है और यात्रा की तैयारी के लिए आवश्यक वस्तुएँ अपने बैग में जमाना है, तो हमें सारी तैयारियाँ प्लेन के टेकऑफ होने के पूर्व समाप्त करके लगभग एक घंटे पहले एयरपोर्ट पहुँच जाना होता है। लेकिन, यदि यात्रा में साथ ले जाने वाली सारी वस्तुएँ हमें न मिल पायी हों और हम घर से एयरपोर्ट जाने के निश्चित समय में इन वस्तुओं को खरीदनें में समय लगा दें, तो संभव है की, प्राथमिकता के क्रम में किया गया यह बदलाव हमारी सारी योजना पर पानी फेर दे। चूँकि, दो वस्तुएँ कम होने पर यात्रा स्थगित नहीं होती। अतः हमारी प्राथमिकता समय पर एयरपोर्ट पहुँचना ही होनी चाहिए।

समय पर लिये गये निर्णय में प्राथमिकता के क्रम का विशेष स्थान होता है। यदि यह ज्ञान हमारे पास है, तो हमारा निर्णय उत्तम साबित होता है।

यदि उपरोक्त तीनों बाधाओं पर हम नियंत्रण बनाने में सफल हो सकें, तो हमारा समय प्रबंधन बेहतर हो सकता है।

हमें सदा यह ध्यान रखना चाहिए कि, यह संसार ऐसा कारखाना नहीं है, जहाँ समय के अनुसार नये मॉडल के व्यक्ति बनाना आरंभ करने पर, एक ही प्रकार के व्यक्ति, एक समान रंग के, एक समान सोच के, एक समान प्रतिभा वाले, एक जैसे गुणों से संपूर्ण व्यक्तित्व के साथ तैयार किये जाते हों। इस संसार में हर व्यक्ति को अपने लिए एक उचित स्थान बनाने में एक लंबा वक्त लगता है। जिन्हें सबकुछ विरासत में मिल गया हो, जब वे भी स्वयं की एक विशेष पहचान बनाने की राह पर चलते हैं, तो उन्हें भी कठिनाइयों और असफलताओं का सामना करना ही पड़ता है। आज भी ऐसे कई उदाहरण हैं, जिनसे यह बात सिद्ध होती है। **जैसे :** एक राजा का पुत्र भविष्य में राजा बन सकता है। लेकिन, वह राजा जितना सफल और जन-जन का प्रिय हुआ, उसका पुत्र उतना लोकप्रिय न हो सका। क्योंकि, वह सफलता के लिए

समर्पित नहीं था। राजा ने अपने पुत्र का विवाह विश्व की सबसे सुंदर राजकुमारी से करवा दिया। ताकि, वह सदा प्रसिद्ध बना रहे। लेकिन, उधार मांगी हुई प्रसिद्धी दुनिया कभी स्वीकार नहीं करती। इसलिए, वह राजकुमार अपने पिता के समान प्रसिद्धी पाने के केवल स्वप्न ही सजाता रहा। क्योंकि, कठिन परिश्रम का गुण उसके स्वभाव में कभी आ ही नहीं पाया। विरासत में मिला राजपाट तथा सत्ता सम्भालना, और अपने लोगों के विश्वास पर खरा उतरना, केवल एक परिश्रमी, साहसी और गुणवान व्यक्ति ही कर सकता है। राजकुमार में कठिन परिश्रम, धैर्य और साहस के गुण आ भी जायें और यदि उसमें आकर्षण का गुण नहीं है, अपने आसपास के वातावरण में घुल-मिल जाने का गुण नहीं है, तो इस प्रकार का राजकुमार राजा के दायित्वों को अच्छी तरह से संभालने के लायक नहीं है।

अपनी प्रशंसा और अपनी निंदा या अपने उपहास को संभालना भी एक विशेष कला है। यदि, हम इन परिस्थितियों में अत्यधिक उत्तेजित हो जाते हैं या इससे हमारा संयम बिगड़ जाता है, तो हमें इस प्रकार की स्थितियों के लिए स्वयं में संयम के गुण को निखारना बहुत ही जरुरी है। क्योंकि, अधिक प्रशंसा से अहंकार और उपहास या निंदा से क्रोध उत्पन्न होता है। अब यदि अहंकारी व्यक्ति किसी के सामने प्रस्तुत होता है, तो वह ऐसे शब्दों और ऐसी भाषाशैली का उपयोग करता है, जो उसे उसके शुभचिंतकों की संख्या कम करने में सहयता करते हैं। उसे पता ही नहीं चलता कि, कब वह केवल स्वार्थी और अपना भला सोचने वालों के बीच पहुँच गया। एक स्वार्थी व्यक्ति आपकी चापलूसी कर सकता है, वह आपके अहित का कारण बन सकता है। किन्तु, आपका सच्चा मित्र इसके विपरीत आपकों सही सलाह देता है, जो आपकों कुछ समय के लिए बुरी लग सकती है। वह आपकी गुलामी नहीं स्वीकारता। इसलिए, वह कभी भी आपका अहित नहीं होने देता।

संयम का गुण दोनों ही परिस्थितियों में हमें सही और गलत के फर्क को समझने में सहायता करता है। अतः बुद्धिमानी इसी में है कि, समय के अनुसार अपने भीतर

उपस्थित प्रत्येक गुण को संवारों और लाभदायक गुणों का प्रयोग करो क्योंकि, कठिन समय हमारे गुणों को हमारे द्वारा जानने और हमें उनका सही प्रयोग करने का अवसर प्रदान करता है। यदि हमारे पास दुनिया की सबसे अच्छी तथा सुंदर बंदूक है और यदि कठिन समय पर हमें उसका उपयोग कर स्वयं की रक्षा करना नहीं आया, तो इतनी सुंदर या किमती बंदूक को हमेशा सीने से लगाये रखने का क्या लाभ?

हमारा स्वयं की वास्तविकता से संपूर्ण परिचय होना चाहिए। यदि हमारा कोई भी गुण या हमारी कोई भी आदत हमें कमजोर बनाये हुए है, तो उसे अवगुण या खराब आदत की श्रेणी में खड़ा कर दिजिए। अब इस पर विशेष ध्यान देकर अपनी कमजोरी को दूर करने का हर संभव प्रयत्न करना हमारा व्यक्तिगत दायित्व बनता है। किसी अन्य से सहायता प्राप्त करना या सहायता मिलने की उम्मीद, हमारे स्वयं के समय की बर्बादी हो सकती है। इसलिए, स्वयं को स्थापित करने के लिए स्वयं ही प्रयत्न करो। हमारी अपने गुणों पर जितनी अधिक मजबूत पकड़ होगी, हम उतनी ही सटीकता से इन गुणों का समय के अनुसार प्रयोग कर सकेंगे और अपने अवगुणों को पहचानकर बड़ी ही सरलता से उनसे मुक्त हो सकेंगे। मान लिजिए, यदि हमें सुपारी या गुटखा खाने की आदत लग गयी हो, तो यह आदत हमारे गुणों में नहीं गीनी जाएगी। यह हमारे अवगुणों में गिनी जाती है। क्योंकि, सुपारी या गुटखा हमें दरिद्र बनाते हैं। जगह–जगह पर थूंकना या पिक मुँह में रखकर किसी अन्य से संवाद करना, आपके स्वयं के कपड़े गंदे करता है और आपको सुंदरतापूर्वक संवाद करने से विचलित करता है। दूसरों को स्वयं का उपहास करने का अवसर प्रदान करता है क्योंकि, लोग यदि आपकी गलितयों पर आपके सामने प्रतिक्रिया न भी व्यक्त करें, तब भी वे आपके पीठ पीछे आपका मजाक जरुर उड़ाते हैं। और यदि आप अपने अवगुणों की वजह से दूसरों की चर्चा का विषय बनना चाहते हैं, तो यह आपकी पसंद है।

हमारी हर पसंद और नापसंद हमारे बारे में, हमारी सोच के बारे में और हमारे आचरण के बारे में लोगों को कुछ न कुछ संदेश देती है। एक बड़ी ही प्रसिद्ध भ्राँति

(वहम) हमारे बीच व्याप्त (फैला होना) है कि, प्रसिद्ध लोगों की आदतें सभी के लिए सराहनीय होती हैं। वे क्या खाते हैं? उनके दैनिक जीवन में उन्हें क्या पसंद है, क्या ना पसंद है? वे आपना खाली समय किस प्रकार व्यतीत करते हैं? इत्यादि। यदि इस भ्राँति (मिथ) की तह में जायें, तो किसी भी व्यक्ति को उसकी आदतें ही बड़ा बनाती हैं या छोटा बनाती हैं। यदि यह बात सच है, तो दूसरों की अच्छी आदतों का अनुसरण करना सीखना चाहिए। लेकिन, भयावह या डरावना यह है कि, आज के किशोर या युवा गुणों के प्रति नहीं, बल्कि, अवगुणों के प्रति पहले आकर्षित हो रहे हैं। पहनावा, खान–पान, मित्रों की संख्या, पैसे खर्च करने की क्षमता, अधिक से अधिक समय सोशल मिड़िया पर देना, यह कुछ चुनिंदा समय खराब करने वाले कारक हैं। इसलिए, अपनी अर्थहीन पसंदों पर तुरंत अपना ध्यान केन्द्रित करो और जल्द से जल्द अपने प्रयत्नशील व्यवहार का परिचय देते हुए इनसे मुक्ति पा लो।

यदि हमें स्वयं को दूसरों से बेहतर एक विशेष उपलब्धि का स्वामी बनना है, यदि दूसरों से प्रशंसा पाना है, यदि विशेष सम्मान का अधिकारी बनना है, तो अपनी पसंद और नापसंद पर ध्यान देना होगा, अपनी आदतों को उपलब्धियों के अनुसार बदलना होगा। ***यदि हमें अपने व्यक्तित्व का रुप सुंदर प्रस्तुत करना हैं, तो अपनी इच्छाओं पर नियंत्रण करना सीखना होगा। दूसरों की भावनाओं को ठेस पहुँचाने से बचना होगा। हमारे विचारों, भावों, शब्दों तथा व्यवहार में यदि दूसरों को पीड़ा देने लायक कुछ है, तो उसे बदलना ही होगा और दूसरों के प्यार, सम्मान तथा आकर्षण के केन्द्र बिंदू पर स्वयं को ले जाना होगा।*** भीड़ में से ऐसे लोगों को चुनना होगा, जो सफलता की यात्रा में आपकी मित्रता को निभायें, आपके कार्यों को सराहें न कि आपकी चापलूसी करें। इन मित्रों की संख्या में बढ़त आपकी प्रसिद्धी में सहायक होगी, आपको विरोधियों का सामना करने की शक्ति में बल मिलेगा। आप अपनी पहचान को कम प्रयत्नों, कम खर्च और कम समय में दूर–दूर तक पहुँचा पाने में समर्थ बन सकोगे। यदि इस बुनियादी नियम को हम गंभीरता से समझकर, इस नियम का सही तरह से पालन करें,

तो पहली सफलता पाने से लेकर सफलतम होने तक इस नियम से लाभ प्राप्त करते रहेंगे।

एक सरल उदाहरण : एक किशोर ने अपने पिता से कहा ''मैं अठारह वर्ष का होने वाला हूँ। मुझे नई बाईक दिला दो।'' उसकी बात सुनकर पिता ने कहा, ''इस वर्ष मेरा हाथ थोड़ा तंग चल रहा है। मैं तुम्हें अगले वर्ष नई बाईक अवश्य दिला दूँगा।'' यह उत्तर सुनकर उस किशोर ने अपने पिता से ठीक से बात करना बंद कर दिया और अपने पिता के विषय में गलत धारणाएँ निर्माण करना आरंभ कर दिया। समय बिता, वह किशोर अगले वर्ष अठारह वर्ष का हो गया। उसके अठारहवें जन्मदिन के कुछ दिनों पहले उसके पिता ने उससे पूछा, ''बेटा तुम्हें नया लेपटॉप लेना है या नई बाईक लेना है। दोनों ही वस्तुओं में से किसी एक का चुनाव सोच समझकर करो और मुझे जल्द से जल्द जवाब दो। तुम जो बोलोगे, मैं तुम्हें वो दिला दूँगा।'' उस किशोर ने दोनों विकल्पों की अपने मित्रों से चर्चा की। उसके मित्रों ने उसे बाईक लेने की सलाह दी। किन्तु, एक मित्र ऐसी भी थी जिसने उसे बाईक न लेकर अच्छे कॉनफीग्रेशन का एक लेपटॉप लेने की सलाह दी। उस किशोर ने अपने अन्य मित्रों की बात मानते हुए, अपने पिता को नई बाईक दिलाने की मांग सामने रखी। पिता ने उसे उसके जन्मदिन पर अपनी आय से मासिक किश्तों पर नई बाईक दिला दी। नई बाईक पाकर वह किशोर बहुत खुश था। पहले ही दिन पिता से पैसे लेकर उसने बाईक फुल टेंक करा ली और रोज मित्रों के साथ सैर सपाटा होता रहा। मित्र उसकी तथा उसकी नई बाईक की प्रशंसा करते और उसे बहुत आनंद मिलता। इस सैर सपाटे से उसका पढ़ाई में ध्यान कम हो गया। परीक्षाफल बहुत अच्छा नहीं था। पिता जी ने कहा, ''मैंने तुम्हारी इच्छा पूरी कर दी। परंतु, परिणाम गलत नजर आ रहा है। मैं ई.एम.आई. (बराबर मासिक किश्त) भी दे रहा हूँ और तुम्हारा जेब खर्च भी पहले से ज्यादा हो गया है। अब तुम्हारे अंक भी पहले से कम हैं। यदि ऐसा ही चलता रहा, तो तुम्हारा बाईक चलाना बंद करना होगा।'' यहाँ पिता ने चेतावनी सुधर जाने के लिए दी और किशोर ने समझा की पिता जी को उसका बाईक चलाना पसंद नहीं। उसकी मित्र ने

भी उसके बुरे परीक्षाफल के विषय में उससे कहा, "काश! तुमने मेरी बात मानकर नया लेपटॉप लिया होता, तो बेवजह घूमने में समय खराब न करते हुए, तुमने पढ़ाई पर ध्यान दिया होता।" आज तो यह समझाने वाली मित्र भी उस किशोर को बुरी लग रही थी। लेकिन, यहाँ उस किशोर के पिता या यह सही सलाह देने वाली मित्र बुरी नहीं थी। उस किशोर की आदत बुरी थी कि, वह तथ्यों को सफलता के दृष्टिकोण से नहीं देखता था। बल्कि, अपनी मर्जी के दृष्टिकोण से देखता था। अब यदि यही आदत आप में है, तो सबसे पहले अपना दृष्टिकोण बदलो और भीड़ में से उनको खोज निकालो, जो आपके शुभचिंतक हैं। चापलूसों और व्यर्थ समय गंवाने वालों से सावधान हो जाओ। **अपनी सफलता को अपनी आदतों के केन्द्र में स्थापित कर लो और अपनी आदतों को सफलता के लिए केन्द्रित करो।** यही सत्य है, यही लाभकारी है, यही सुखदायी है। सफलतम होना ही लक्ष्य होना चाहिए।

जीवन के हर क्षण में बल है। यह हमें कभी महसूस होता है और कभी बिल्कुल भी नहीं होता। लेकिन, जिन्हें इस हर क्षण बल का ज्ञान हो जाता है, वे ही सफलता की दौलत के स्वामी बन पाते हैं। जी हाँ! जीवन के हर क्षण में बल होता है और इस बल को पहचानना, इसका उपयोग करना और इसका सही उपयोग करना ही हमारे कल्याण का एकमात्र मार्ग है। केवल दूसरों से या समय से अपेक्षा करना मूर्खता है। केवल इंतजार करना मूर्खता है। केवल विचार करना मूर्खता है। अपेक्षा करो, इंतजार करो, विचार करो पर तब, जब आपने पहले कर्म किया हो। यदि छत पर रखी टंकी में पानी भरे जाने के लिए हमने मोटर चलायी ही नहीं थी, तो घर के नल में पानी आने का विचार, इंतजार और अपेक्षाएँ हमारी मूर्खता नहीं है, तो और क्या है?

10. एक नये व्यक्तित्व का सृजन

सरलता, सहजता और सौम्यता के गुणों को अपनाने वालों के हाथों में कभी विफलता नहीं लगती। सरलता का गुण हमें सीखने में बहुत मद्दगार साबित होता है, सहजता का गुण हमें सीखे हुए ज्ञान को आत्मसात, हृदय से ग्रहण करने में सहयोगी होता है और सौम्यता हमें असफलताओं को स्वीकार करने, समझने और पुनः प्रयत्नकर सफल होने में बल प्रदान करती है। इसलिए, इन तीन 'स' को अपना परम मित्र बना लो। लेकिन, इनसे मित्रता निभाते समय बुद्धिमानी के साथ मित्रता निभाओ। ध्यान देने वाली बात है कि, बुद्धु मित्र किसी को पसंद नहीं आते।

चतुर, चालाक, कूटनीतिज्ञ, भ्रष्ट और भ्रामक लोग भी सफल होते हैं। किन्तु, उनकी सफलता अल्प आयु के लिए होती है। उनके आस–पास सफलता का भ्रम विराजमान होता है। वे दिखावे की सफलता से ग्रसित होते हैं। वे सफलता के स्तर पर मानसिक बिमार होते हैं। वे स्वयं के लिए हानिकारक हो जाते हैं। यदि इतने सारे इल्जाम लगे हुए हों, तो चतुराई की सफलता का विश्व व्यक्तिगत दुःखों का जनक बन जाता है। यदि छल–कपट भरी चतुराई से हमें सफलता मिली है और इस छल–कपट की जानकारी हमें तथा हमारे अलावा किसी अन्य को भी है, तो यह स्पष्ट है कि, भविष्य में हमारे मित्रों में चापलूस, झूठे और स्वार्थी लोग शामिल होंगे। क्योंकि, सच्चा मित्र हमारी गलितयों को उजागर कर देगा। जो कि, हम कभी नहीं चाहते। अब हमारे मित्रों से ही हमारे आस–पास का वातावरण निर्मित होता है, तो सोचिए कि, हम किस प्रकार के वातावरण में रहने के आदी हो गये हैं। यदि यही वातावरण हमें पसंद आता है, तो हम सारे प्रयत्नों, सारी क्षमताओं को निखार कर भी एक सफल किन्तु, दुःखी व्यक्ति से ज्यादा कुछ नहीं बन सकते। पसंद आपकी है, आखिर भविष्य आपका है।

स्वामी विवेकानंद जी ने बहुत ही सुंदर विचार हमारे सामने रखा है, "हर दिन एक बहुत ही महत्वपूर्ण व्यक्ति से कुछ क्षणों के लिए अवश्य मुलाकात करो। वह महत्वपूर्ण

व्यक्ति स्वयं आप हो।'' इसका अर्थ है कि, ***हर दिन नियम से 24 घंटों में कम से कम एकबार कुछ क्षणों के लिए आप स्वयं से बात करो, स्वयं का चिंतन करो, स्वयं पर विचार करो, स्वयं के विचारों पर ध्यान केन्द्रित करो, स्वयं के द्वारा लिये जाने वाले निर्णयों और भविष्य में उनसे जुड़े सुखों तथा दुःखों का आकलन करो। क्योंकि, यदि आप स्वयं को सही तरह से नहीं पहचान सके, तो दूसरों के द्वारा आपको सही समझे जाने का प्रश्न ही कहा उठता है।***

इस दुःखी संसार को प्रसन्न और सुविचारों वाले व्यक्तित्वों की अत्यन्त आवश्यकता है। यहाँ सकारात्मक और ऊर्जावान व्यक्तियों का दिल से स्वागत किया जाता है। यदि यह जानकारी उपलब्ध होने के बावजूद हम अपने चाहने वालों की संख्या बढ़ाने के कार्य में पीछे रह जाए, तो निम्न पंक्तियाँ हमारे लिए ही है :

मेरी गर्मजोशियाँ तुम में
जो थोड़ा जोश न भर दे।

मेरी हंसी अगर तुम में
थोडी हंसी न भर दे।

मेरी बातें अगर तुमको
थोड़ा खुश न कर दे।

तो जींदगी को जीने का
सलीका मेरा गलत
बेकार–सी है ये मेरी
दिन–रात की उल्फत।

मेरी गर्मजोशियाँ

मेरा होना अगर तुम्हारी
खुशनसीबी न बने।

मेरी हस्ती अगर तुम्हारी
ताकत न बने।

मेरे वादों की ड़ोर जो
तुमसे जुड़कर न रहे।

तो जिंदगी को जीने का
मेरा तरीका है गलत
बेवजह की है मेरी
ये सारी ही मेहनत।

मेरे स्नेह अनुबंध
जो तुमको भाये ही नहीं।

मेरी विजय पताका
जो तुमको लुभाये ही नहीं।

मेरे मार्गदर्शन पर
जो तुम चल पाये ही नहीं।

तो जिंदगी को जीने का
मेरा विश्वास है गलत
बिना मोल की है मेरी
सफल होने की चाहत।

अर्थ : मेरे शब्दों में जो सकारात्मकता है, मैं जिस जोश और जूनून की बातें करता हूँ, यदि उन बातों से दूसरों में सकारात्मक ऊर्जा का संचार नहीं होता है। मेरी बातों में जो मज़ाक और जो हसने योग्य बातें हैं, उनसे यदि दूसरों को हसी नहीं आती है। यदि मेरी बातें, मेरे विचार दूसरों को खुश नहीं रख पाते हैं, तो मुझे स्वयं में परिर्वतन करने की आवश्यकता है।

मेरे होने का यदि दूसरों को लाभ न मिले। मेरे पद का, मेरी सफलताओं का यदि मेरे अपने सदुपयोग न कर सकें। उच्च स्थान पर विराजमान होकर यदि मैं अपने शब्दों का मान न रख सकूँ और अपने सहयोगियों, हितैषियों का स्नेह न पा सकूँ, तो मुझे स्वयं में परिर्वतन करने की आवश्यकता है।

मेरे साथ जो दूसरों के संबंध हैं, यदि उसमें मिठास नहीं हैं, केवल औपचारिकता है। यदि मेरी कामयाबी के प्रशंसक मेरे अपने नहीं हैं। मेरे बताये गये रास्ते दूसरों के लिए लाभकारी नहीं हैं, तो मुझे अपने आप पर जो विश्वास है, वह गलत है। अब मुझे स्वयं में परिर्वतन करना अत्यधिक जरुरी है।

यदि कठिन परिश्रम, साहस और धैर्य का संगम हो जाये, तो हमारे द्वारा श्रेष्ठता के लिए किये गये कार्य और हमारी सर्वश्रेष्ठ उपलब्धियाँ मनुष्य जीवन के लिए जिवंत उदाहरण के रुप में स्थापित की जा सकती हैं। एक मूर्तिकार पत्थर का चुनाव करता है। फिर उस मुर्ति में जिन भावों को प्रस्तुत करना होता हैं, पहले उन भावों को अपनी कल्पना में उतारता है। उस कल्पना का साकार रुप वह मूर्ति के माध्यम से हमारे सम्मुख प्रस्तुत करता है। अतः जब हम किसी बहुत सुंदर मूर्ति को देखते हैं, तो एक व्यक्ति या एक विशेष व्यक्ति समूह के चुनाव, एकाग्रता, संयम, कठिन परिश्रम, धैर्य और कल्पना शक्ति का संगम हमारे समाने होता है क्योंकि, सुंदरता सस्ते दामों में नहीं मिलती।

एक मूर्ति की कल्पना करना आसान कार्य हो सकता है, कई मूर्तियों के एक समूह की कल्पना करना भी आसान कार्य हो सकता है। किन्तु, कई मंदिरों और उसमें

विराजमान कई मूर्तियों की स्थापना करना थोड़ा कठिन कार्य है। इससे भी कठिन केवल एक चट्टान में सम्मोहित कर देने वाले कई मंदिरों का निर्माण और उन मंदिरों में स्तब्ध कर देने वाली कई मूर्तियों की कल्पना कर उसे वास्तव में प्रदर्शित करना है। जी हाँ! हम एलोरा की गुफाओं की ओर आपका ध्यान ले जाना चाहते हैं। यदि कल्पनाओं के पार की किसी दुनिया की तस्वीर देखना है, तो भारत कई बार, कई जगहों पर अपनी अद्वितीयता को दर्शाता है। एलोरा एक ऐसे ही अद्वितीय स्थान का नाम है। यह महाराष्ट्र प्रदेश के औरंगाबाद जिले में औरंगाबाद शहर से लगभग 30 किलोमीटर की दूर पर स्थित है। यह एक सीधी खड़ी चट्टान में 12 बौद्ध, 17 हिन्दू और 5 जैन गुफाओं का संगम है। यह गुफाएँ कला, कल्पना, कठिन परिश्रम और अतुलनीय किर्तीमान की अद्भुत गाथा तथा अपने निर्माण काल के धार्मिक सौहार्द को दर्शाती है। कल्पना शक्ति और कठिन परिश्रम के सत्य से परिचय की एक अद्भूत गाथा, जो हजारों वर्षों पहले हजारों वर्षों के लिए लिखी गयी थी। जिसे साकार करके खुद बनाने वाला आश्चर्य में पड़ गया होगा और उसने पूछा होगा, ''क्या इस इमारत का सृजनकर्ता मैं स्वयं ही हूँ या कोई दैवी शक्ति मुझसे यह सब करवा रही थी?''

इतिहास की अमिट कहानियाँ लिखने वाला भी इंसान ही था और जो कहानीयाँ गीनीज़ बुक ऑफ वर्ल्ड रेकॉर्ड में लिखी जा रही हैं वह कहानीयाँ भी इंसान ही लिख रहा है। बस फर्क इतना ही है कि, मनुष्य कभी–कभी अपनी ही कलाकृति और कार्यों की जगमगाहट से स्तब्ध होकर पूछ लेता है, ''क्या सचमुच यह मैंने ही किया है?'' इसका सीधा–सा अर्थ यह है कि, जब मनुष्य अपने कठिन परिश्रम से अपनी परिकल्पना के परे कोई सुंदर सृजनात्मकता को प्रस्तुत कर पाता है, तो वह भी दूसरों की तरह ही स्वयं को आश्चर्य के दायरे में खड़ा पाता है।

जब मनुष्य को केवल एक ही कार्य को करने की धुन या पागलपन की हद तक जूनून सवार हो जाता है, तो वह आश्चर्य का सृजन करता है। यह किसी भी रुप में हो सकती है। जैसे, संगीत, खेल, पर्वतारोहण, पढ़ाई, कलाकृति, नृत्य, इत्यादि। यदि दर्शक

तालियाँ बजाये तो समझ लिजिए कि, अभी आपमें सुधार की बहुत–सी गुंजाईशें हैं और यदि आपकी प्रतिभा दर्शकों को स्तब्ध कर दे, तो अब आपके गुरु के बदले जाने का समय आ गया है। अर्थात् जिनसे आप शिक्षा ले रहे थे, उन्होंने आपको अपना पूरा ज्ञान दे दिया है। इससे आगे की शिक्षा के लिए आपका स्तर अलग है।

जब तक हम शक्तियों की खोज केवल बाहरी दुनिया में करते हैं, तब तक हमारे हाथ में निराशा या इंतजार ही आता है। किन्तु, जब हम इन शक्तियों को अपने भीतर तलाशना आरंभ करते हैं, तो हमें एक छवी नजर आती है, उस छवी पर हमें प्रकाश ड़ालना होता है। जब वह छवी हमें प्रकाश में साफ दिखायी देने लगती है, तो हम उस छवी के सही पात्र (किरदार) को समझ पाने में सक्षम हो पाते हैं। इस पात्र को कल्पना के पर्दे से हकीकत की दुनिया में लाने के लिए हमें मेहनत करनी होती है। और हमारी सफलता या सर्वश्रेष्ठता का रहस्य इसी मेहनत में छुपा होता है। यह मेहनत यदि हमने नहीं की, तो कोई और करेगा। क्योंकि, समय सदा ही मेनहत करने वालों का इंतजार भी करता है और उनका साथ भी देता है। यदि मेहनत (परिश्रम) और सफलता के मध्य कोई संबंध नहीं होता तो समय का महत्व अधिक नहीं होता। चूँकि, ***सही समय पर की गयी मेहनत ही अधिक लाभकारी होती है।*** इसलिए, यह समय अपने हाथों से न जाने दो। अपने जीवन में सफलता को पाने के लिए मेहनत के मार्ग पर चलना आरंभ करो।

अच्छा स्वास्थ्य हमारी शारीरिक शक्तियों के मजबूत होने का प्रतीक होता है। यह एक ऐसी शक्ति है, जो हमें हमारे माता–पिता के अच्छे जीनस्, उनके रहन–सहन के अच्छे तौर–तरीके, उनकी खान–पान की पंसद, खान–पान की परंपरा और स्वास्थ्य से संबंधित अपनायी गयी सावधानियों का परिणाम है। यदि हम एक स्वस्थ और मजबूत शरीर के स्वामी हैं, तो इसका पूरा श्रेय (क्रेड़िट) हमारे माता–पिता को जाता है। हम एक स्वस्थ शरीर को स्वास्थ्य बनाये रखने में अपना योगदान मान सकते हैं। किन्तु, आंतरिक स्वास्थ्य के प्रथम शुभचिंतक हमारे माता–पिता या पालनहार ही होते हैं।

अच्छा स्वास्थ्य हमारे जीवन में क्यों महत्वपूर्ण है?

अस्वस्थ शरीर एक स्वस्थ मन का स्वामी नहीं हो सकता। यदि मन स्वस्थ नहीं है, तो हमारे विचार भी उत्तम नहीं हो सकते। यदि विचारों में निर्भयता और उच्चता का भाव नहीं है, तो हमें जो है, जैसा है, जिस तरह भी प्राप्त हो रहा है, उससे काम चलाने की आदत ड़ालनी पड़ती है। अब आप समझ गये होंगे कि, अच्छा स्वास्थ्य हमारे जीवन में क्यों आवश्यक तथा महत्वपूर्ण हैं।

जिस प्रकार किसी अनाज पीसने की चक्की में, यदि हम गेहूँ डालते हैं, तो गेहूँ के उप–उद्पाद जैसे : दलीया, सूजी, आटा या मैदा हमें प्राप्त होता है। इससे बेसन मिलने की उम्मीद बेकार है। इसी प्रकार, यदि हम अपने पेट में या आंतरिक अंगों में अल्कोहल, तम्बाकू, सुपारी या पिज्ज़ा, बर्गर, आदि फास्ट फूड़ ड़ालकर शारीरिक ऊर्जा प्राप्त करने की उम्मीद करें तो यह भी बेकार है। हमारा भोजन सीधा–सीधा हमारे स्वास्थ्य को प्रभावित करता है। यदि आपको समय संवारना है और अपने समय का उपयोग योजनाबद्ध कार्यों में करना है, तो आपको नियंत्रित भोजन पद्धति को स्वीकारना ही होगा। अन्यथा, स्वास्थ्य के द्वारा धोखा दिये जाने की संभावनाओं के लिए आप स्वयं उत्तरदायी कहलाओगे। जिस तरह हर वर्ष प्रकृति में होने वाले फेर बदल से वातावरण में अचानक उतार चढाव हो रहे हैं। ऐसी परिस्थितियों में शारीरिक क्षमताओं की वृद्धि को नजर अंदाज करते हुए, शरीर को क्षींण करने वाले खाद्य पदार्थों का सेवन आपको कितना लाभदायक या उचित लगता है, इस प्रश्न पर एकबार विचार अनिवार्य है।

एक 'स्टूडेंट न्यूट्रिन एण्ड फिजिकल ऐक्टिविटी' सर्वे के अनुसार यह बहुत ही मजेदार बात सामने आयी है कि, बहुत अच्छे नंबरों से पास होने वाले या खेल प्रतियोगिताओं में प्रथम स्थान प्राप्त करने वाले अधिकतर विद्यार्थियों का भोजन संतुलित

होता है। वे अनावश्यक तथा अधिकतम स्तर तक खाद्य पदार्थों को ग्रहण करने से परहेज करते हैं और अपने स्वास्थ्य के लिए जागरुक होते हैं।

सर्वे में पूछे गये प्रश्नों में से हम यहाँ दस प्रश्न उदाहरण के तौर पर चुन रहें हैं और अन्य विकल्पों को छोड़कर केवल सही विकल्प को प्रस्तुत कर रहे हैं।

वे दस प्रश्न निम्नवत् थे :

1. पिछले सात दिनों के दौरान आपने कितने दिन सुबह का नाश्ता समय पर ग्रहण किया?

सही विकल्प – 5 या अधिक बार।

2. पिछले सात दिनों के दौरान आपने कितनी बार सलाद, फल और दूध का सेवन किया?

सही विकल्प – 4–6 बार।

3. पिछले सात दिनों में आपने कितनी बार सॉफ्ट ड्रिंक्स (सोड़ा युक्त पेय) का सेवन किया है?

सही विकल्प – एक बार भी नहीं।

4. पिछले एक महीने में आपने कितनी बार बाहर जाकर फास्ट फूड का सेवन किया है?

सही विकल्प – 1–2 बार।

5. क्या आप डिब्बा बंद खाद्य पदार्थों को खाने से पहले स्वास्थ्यवर्धक चेतावनी तथा तिथी को सावधानी से पढ़ते हो?

सही विकल्प – हमेशा।

6. पिछले सात दिनों में आपने कितने दिन प्रतिदिन 45 से 60 मिनट के अनुसार योगा या व्यायाम किया है?
सही विकल्प – 6 या अधिक दिन।

7. सामान्य अभ्यास (पढ़ाई) के दिनों में आप कितने घंटे टी.वी., फिल्मों, विडियो गेम, इत्यादि को देते हो?
सही विकल्प – 1 घंटा या इससे कम।

8. सामान्य अभ्यास के दिनों में आप 24 घंटों में से कितने घंटे सोने में बिताते हो?
सही विकल्प – 5 से 6 घंटे।

9. आप अपने वजन को अपनी उम्र के अनुसार कैसा पाते है?
सही विकल्प – उपयुक्त।

10. आप बाहरी खेलकूद जैसे क्रिकेट, फूटबॉल, वॉलीबाल, इत्यादि में से कोई खेल क्यों नहीं खेलते?
सही विकल्प – शारीरिक क्षमताओं में कमी के कारण।

यदि इन दस विकल्पों के अनुसार हम अपने प्रतिदिन को निर्धारित करने में सक्षम हो जाये, तो धन, बहुमूल्य स्वास्थ्य और अमूल्य समय की बर्बादी से बच सकते हैं।

आधुनिकता और हमारी संस्कृति में हो रहे परिवर्तन के अनुसार आज हम समय की बर्बादी को 'फैशन' और धन की फिजूल खर्ची को 'चलन' का नाम देकर स्वयं के साथ नकारात्मक शक्तियों को जुड़ने का आमंत्रण देते हैं। यदि हम किसी के लिए समय निकालते हैं और उसके साथ घुमने, शॉपींग, मूवी, गार्डन या पार्टी, पिकनिक पर जाते हैं, तो हमें अपेक्षा रहती है कि, वह भी हमारी योजनाओं में शामिल रहे। यदि हमारा मित्र किसी कारण से हमारी घुमक्कड़ योजना में शामिल नहीं होता है, तो उसके प्रति

हमारे मन में नकारात्मक भाव आना बहुत ही आसान बात है। इसी प्रकार, आजकल के किशोरों और युवाओं में 'नो लिमिट' का एक फॉर्मूला प्रचलित हो रहा है। यह फॉर्मूला बड़ा ही घातक है। क्योंकि, जब तक मित्रों में, रिश्तों में और समाज में एक–दूसरे का सम्मान, मर्यादायें हैं, तब तक स्नेह और एक–दूसरे के प्रति आदर का महत्व है। यदि हमने मर्यादाओं की सीमाएँ पार कर दीं, तो हमारे बीच नफरत, घृणा, नकारात्मकता, कड़वाहट को आने में कुछ ही समय शेष है। हम निकट भविष्य में हमारे अपनों के साथ सीमा रहित संबंधों में खटास का स्वाद अनुभव करते हैं। इसके पीछे एक बड़ा ही सूक्ष्म किन्तु असरदार कारक है, 'अपेक्षाएँ'। जब हम किसी के साथ मित्रता, संबंधों या व्यवहार में सीमाओं का उल्लंघन करते हैं, तो हमारी अपेक्षाएँ भी सीमाओं को पार कर लेती है। हम अपेक्षा करते हैं कि, हम जिसके लिए या जिनके लिए सीमाओं का बंधन तोड़ रहे हैं, वे हमारे लिए उसी मात्रा में सजग, उदार और तत्पर रहें। किन्तु, अपनी भावनाओं का हिसाब देना बड़ा ही कठिन कार्य है, जबकि इसका कोई पैमाना नहीं है। यह सामने वाले पर निर्भर करता है कि, वह हमारी भावनाओं को समझे, न समझे या समझकर नासमझ बने। यदि सीमाओं के उल्लंघन की पहल हमने की है, तो अपेक्षाओं का पहाड़ भी हमारे ही सर पर नजर आता है। इसका सीधा–सीधा अर्थ है कि, निकट भविष्य में हमारे ही साथ छल–कपट या नकारात्मकता आकर जुड़ने वाली है।

बहुत विशेष : सीमाएँ हमारे और नकारात्मकता के मध्य अवरोध का कार्य करती हैं। यदि इस अवरोध को हमने हटा दिया, तो हम उस चुम्बक की तरह कार्य करने लग जाते हैं, जिसे किसी भी रुप में, रंग में, आकार में लोह तत्व मिले, वह आकर्षित कर लेता है और यहाँ लोह तत्व आधुनिकता की नकारात्मकताएँ (................,................,................,................) हैं।

बिना सीमाओं का हर उत्सव, पार्टी, गेट–टू–गेदर, आदि एक नकारात्मक प्रभावी बल के साथ कार्य करता है। दो–चार बार या संख्या में कुछ और अधिक बार इस प्रकार का आयोजन होने के बाद समूह के कुछ सदस्यों को यह बल भेदभाव, ईर्ष्या या

जलन, असम्मान, असमानता तथा घृणा के जाल में फांस लेता है। इससे मतभेद उभर कर सामने आने लगते हैं और मित्रता या संबंधों के सुंदर वातावरण में नकारात्मकता अपने पैर जमाना आरंभ कर देती है। चूँकि, सीमाओं के बंधन हमने ही तोड़े थे, इसलिए अब नकारात्मकता के काँटे भी हमें ही चुभते हैं।

याद रखिए : सीमाओं का उल्लंघन करने वालों से सावधान रहना है और मर्यादाओं को तोड़कर हमें कोई मेड़ल (पुरस्कार) नहीं मिलने वाला है।

अवरोध हटा दें हम अगर,
सूरज की किरणें हमें जला देंगी।
सीमाएँ तोड़ दो सागर की,
हमें उसकी लहरें डूबा देंगी।।

संबंधों में मिठास का तत्व है
और स्नेह की प्यास है सम्मान।
इसका ही मान किया जो नहीं,
ये गलती हमें फिर सज़ा देगी।।

आशाओं को चाहे मत बांधो,
पर अपेक्षाओं के बंधन खोलना नहीं।
जो ड़ोला मर्यादा का सिंहासन,
यह दुनिया हमको रुला देगी।।

हर बात पे ताना क्यों मैं सहूँ,
चूभती नजरें मुझको सतायेंगी।
आशा मेरी शिखर तक जाने की,
ये मुझे मेरी राहों से भटका देगी।।

अवरोध हटा दें

अर्थ : यदि ओज़ोन लेयर को हटा दिया जाए, तो सूरज की पराबैंगनी किरणें पृथ्वी पर उपस्थित पेड़–पौधो, जीव–जंतुओं को नष्ट कर देंगी। यदि सागर अपनी सीमाएँ तोड़ दे, तो वह धरती को डूबोना आरंभ कर देगा। यदि सम्मान नामक तत्व को खत्म कर दिया जाए, तो संबंधों की मिठास और स्नेह की प्यास (आपसी प्रेम या स्नेह) समाप्त होने लगेगी। इस तरह की गलती से हम दुःख और अकेलेपन को प्राप्त होंगे। स्वयं से आशा करना कभी भी कम मत करो। परंतु, दूसरों से अपेक्षाएँ करने की सीमाएँ होनी ही चाहिए। यदि मर्यादाओं के महत्व को जाने बिना ही इनकी उपेक्षा की जाये, तो इस महत्वपूर्ण भाव के खत्म होने से हमें केवल दर्द ही मिलने वाला है। यह दर्द दूसरों के तानों के रुप में, हमारे प्रति दूसरों की घृणा के रुप में होगा। फिर उस आशा या उम्मीद का क्या, जो हमें उपलब्धियों के शिखर पर ले जाने वाली थीं? इस झूठी शान और आधुनिकता की फैशन में हमारी तरक्की की राह कहीं गुम ही न हो जाए।

हम बार–बार तरक्की, कामयाबी, सफलता, श्रेष्ठता और सर्वश्रेष्ठता की बात कर रहें हैं। लेकिन, क्या हम इसे अभी भी सही तरह से समझ पाये हैं या केवल समझ लेने का ढोंग कर रहे हैं। यदि अभी भी नहीं समझ सके कि, मेहनत करना अत्यंत आवश्यक है, सही दिशा में मेहनत करना बहुत जरुरी है, अनुशासन तथा संयम को अपनाना है, ईमानदारी से मेहनत करना है, मंजिल या लक्ष्य की पूर्ण जानकारी एकत्रित करनी है, मंजिल की दिशा में आगे बढ़ना है, मंजिल की राह से भटकना नहीं हैं। आलोचना, विश्वासघात, परिस्थितियों की मार से घबराना नहीं है। यदि किसी कारण से हमारे लक्ष्य के मार्ग में कोई बाधा आ भी जाये, तो कुछ देर इंतजार करने के बाद पुनः अपने लक्ष्य पर ध्यान केन्द्रित कर आगे बढ़ना है। यदि कोई साथ देने वाला न मिले, तब भी आगे बढ़ते रहना है। किसी का इंतजार, भाग्य का सहारा और चमत्कारों में समय नहीं गंवाना है। शारीरिक, मानसिक, आर्थिक बाधाओं से ड़रकर अपने लक्ष्य को छोड़ना नहीं है। बहते रहना है, चलते रहना है, निरंतर, निरंतर, निरंतर....

"आप कैसे इस जीवन को जीते हो और इस जिंदगी से आप क्या चाहते हो। यह इतना महत्वपूर्ण नहीं है, जितना की आप स्वंय को कितना जान पाते हो और जिन्दगी को आप किस नज़रिये से देखते हो, यह महत्वपूर्ण है। यह केवल आपकी सोच, समझ और दृष्टिकोण पर आधारित है। अतः उत्तम विचारों वाले बनो, उत्कृष्टता की राह पर आगे बढ़ो और स्वयं को सिद्ध कर प्रसिद्धि प्राप्त करके सफल बने रहने का सार्थक प्रयास जारी रखो......"

शुभकामनाओं सहित
शुभारंभ!

लेखक परिचय

नाम : पंकज वसंत जाधव

पिता : स्वर्गीय श्री वसंत प. जाधव

माता : श्रीमती सुनीता वसंत जाधव

जन्मतिथि : 4 जुलाई, 1976

पता : प्लॉट नं. 101, फ्लेट नं. 57, रॉयल हिल्स अपार्टमेंट, मानव सेवा नगर, सेमिनरी हिल्स, नागपुर–440006, महाराष्ट्र, भारत

ई मेल : info@pankaj.jadhav.co.in; pkj4776@gmail.com

मोबाईल नं. : 91–8087687766

सम्प्रति : निजी संस्था में मार्केटिंग मैनेजर

कार्यक्षेत्र : आध्यात्मिक व प्रेरणात्मक विचारधारा का लेखन

प्रकाशन :

1. 'नामायण' (संत नामदेव जी के जीवन पर आधारित विशेष अभंगों सहित मराठी भाषा से हिन्दी में अनुवादित।)
2. मासिक पत्रिका न्युज नागपुर वर्ल्ड, साहित्य विहार पत्रिका में लेख प्रकाशित

अन्य सृजन :

कविताएं, गीत, गज़ल, लघु नाट्य, लघु कथा और बाल कथाएं। हिन्दी को समृद्ध बनाने हेतु ''हिन्दी प्रधान हो हिन्दुस्तान'' नामक कार्यशाला का संचालन।

www.ingramcontent.com/pod-product-compliance
Lightning Source LLC
Chambersburg PA
CBHW081115080526
44587CB00021B/3600
* 9 7 8 1 8 9 7 4 1 6 9 2 1 *